목소리에 컬러를 입혀라

목소리에 컬러를 입혀라

초판인쇄 | 2012. 3. 01.
초판발행 | 2012. 3. 15.

지은이 | 정병태
기획편집 | 한혜인
펴낸이 | 박제언
교정 | 한혜인
펴낸곳 | 한덤북스
유통 | 로뎀유통
신고번호 | 제 2009-6호
홈페이지 | www.rodem.cc
물류주소 | 경기도 부천시 오정구 내동 222-11, 311호
       Tel. 011-347-3390, Fax. 02-862-2102
메일 | jbt6921@hanmail.net

판권소유 | 한덤북스

ISBN 978-89-965465-5-9 03320

이 책은 저작권법에 의해 보호를 받는 저작물이므로 무단전재 및 복제를 금합니다.
잘못 만들어진 책은 구입하신 서점에서 바꾸어 드립니다.

값 12,000원

호감가는 목소리 만들기

정병태 교수의 **파워목소리 발성법**

목소리에 컬러를 입혀라

정병태 지음

VOICE
SPEECH
COACHING

한덤북스

연습의 힘!

어렸을 때나 어른이 된 지금까지, 내 인생에 핵심이 되는 말을, 성공케 하는 말을 하나 고르라면 나는 주저 없이 "연습(practice)"이라고 말하고 싶다.

"연설을 잘하면 세상을 얻는다."

"성공한 많은 사람들은 과감히 생각하고 행하기 때문에 성공한다."

"인간관계, 즉 커뮤니케이션 스킬을 체계적으로 배운 것이 내가 가진 것 중에 가장 중요한 학위였다."

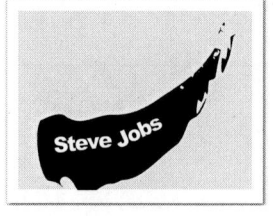

"타고 난 달변가는 없듯이, 연습을 통해, 그리고 타인의 기술의 모방과 발전을 통해 프레젠테이션의 기술을 습득하는 것이 중요하다."

소리 지르면 건강해진다!

소리 훈련을 통해
부드럽고 듣기 좋으며 기운이 넘치는
건강한 목소리로 얼마든지 바꿀 수 있다.

사람이 소리를 내는 데는 목과 가슴과 배가 활용된다.
그런데 소리를 지르면, 가슴에 맺혀있던 우울, 불안, 분노, 스트레스, 울분, 답답함이 시원하게 뚫린다.
또한 심폐기관을 젊게 하고, 뇌를 건강하게 해준다.

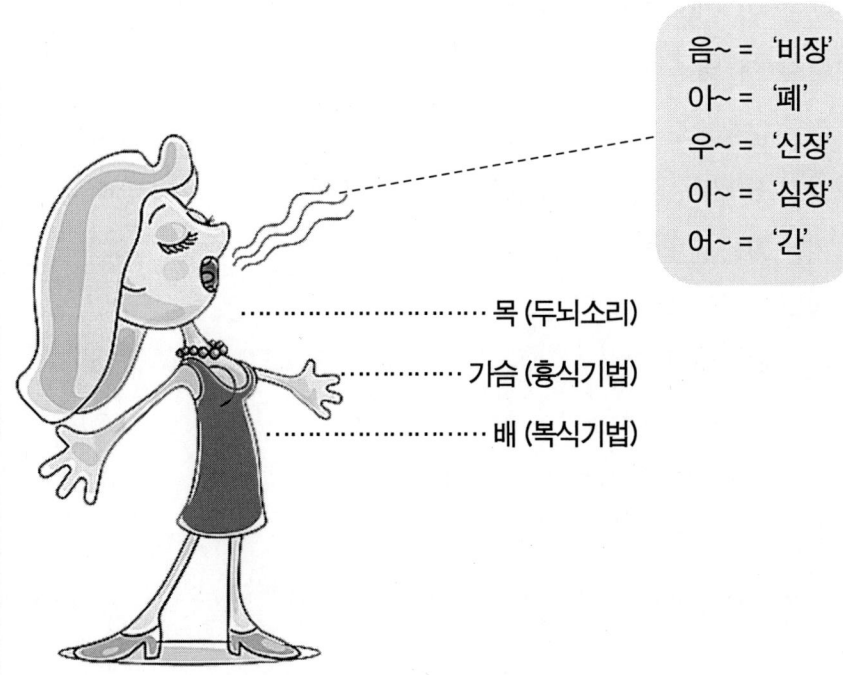

목차

- 연습의 힘 · 4
- 소리 지르면 건강해진다! · 5
- 목소리에 컬러를 입히기 위해서는 · 14
- 프롤로그 _ 내 인생을 바꾸는 말 · 16

실전훈련 호감 가는 파워 목소리 만들기
목소리에 컬러를 입히자 ·············· 021

① 배로 숨 쉬는 복식호흡하기 ·············· 022
② 목소리를 좋아지게 하는 목 스트레칭 ·············· 023
③ 얼굴, 입, 안면 근육 풀어주기 ·············· 024
④ 입술, 혀, 턱 운동하기 ·············· 025
⑤ 짧은 문장으로 발음 연습하기 ·············· 026
⑥ 걷기, 달리기, 줄넘기 운동으로 좋은 발성 만들기 ·············· 027
⑦ 기본 발성 훈련하기 ·············· 028
⑧ 말의 마디를 끊어서 읽기 ·············· 029
⑨ 단어 강조하기 ·············· 030
⑩ 감정이입하여 표현하기 ·············· 031
⑪ 단어, 문장의 강약고저 스피치 훈련하기 ·············· 032
⑫ 음성의 높낮이 훈련하기 ·············· 033
⑬ 목소리가 입에서 나올 때 ·············· 034

01 탄탄한 목소리 스피치 기초 다지기
똑 소리 나게 표현하는 목소리 스피치 준비 ······· 035

먼저, 3분 스피치를 정복하라 ······· 040
당당한 대면 시선처리 스피치 ······· 042
암시적 힘을 발휘하라 ······· 043
첫 신호를 보내라 ······· 045
먼저, 마음을 코칭하라! ······· 047

02 부드러운 소통 목소리를 만드는
목소리 실제 훈련 지침서 ······· 051

부드러운 소통 목소리 ······· 052
목소리가 입에서 나올 때 ······· 054
동그란 목소리 훈련하기 ······· 055
목소리 실제 훈련하기 ······· 057
리듬 스피치 훈련하기 ······· 058

03 실전 스피치 원칙과 목소리 기법의 도전
대강사, 대웅변가, 대연설가 따라잡기 ········ 061

대제목 백만불짜리 대(大) 연설가의 비밀 ········ 003
대제목 간단 간략 명료한 실행 개요서 작성 스피치 ········ 003
망치로 내려치는듯한 강력하고 짧은 문장, 단순한 구조 ········ 003
대제목 강약고저의 목소리 스피치 ········ 003
대제목 생생한 제스처 ········ 003

04 실제, 취임연설 및 주례사 실전 훈련하기
유창한 격려사, 축사, 인사말, 연설 스피치 훈련하기 ········ 073

실전, 좋은 원고를 만드는 작업 ········ 076
  실전훈련 '존 F.케네디'의 취임사로 연설해 보기 ········ 086
  실전훈련 요약된 연설문 해보기 ········ 088
  실전훈련 신축과 관련한 축하 연설 해보기 ········ 088
  실전훈련 김구 선생의 연설 해보기 ········ 090
  실전훈련 기초단체장 후보 연설문 만들어 해보기 ········ 091
  실전훈련 후보 경선 연설문 해보기 ········ 092
  실전훈련 3분 실제 훈련하기 ········ 092
실용 결혼 주례사 만들어 발표하기 ········ 093
  실제, 主禮辭(주례사) ········ 098
  실용학습 결혼식 순서(WEDDING ORDER) ········ 102

05 목소리 트레이닝 지침서
박력있는, 당당한 목소리 훈련 지침서 ········ 111

목소리 트레이닝 기법 ········ 117
목소리 스피치 실전 트레이닝 ········ 121
  1) 큰 소리 지르기 훈련하기 ········ 121
  2) 자동차 소리 시동으로 훈련하기 ········ 122
  3) 웃음의 소리 훈련 ········ 124
  4) 좋은 소리를 만드는 오음 훈련하기 ········ 125
  5) 발성훈련하기 ········ 126
  6) 목소리에 변화를 주는 연습 ········ 128
  7) 평상시 정확한 발음으로 말하기 ········ 128
  8) 긍정적인 문구 읽기 ········ 129
  9) 신문의 사설이나 글을 읽기 ········ 130
  10) 책을 읽고 그 내용을 정리하여 발표한다 ········ 132
소리 지르기 훈련의 효과 ········ 133

06 정확한 발음 발성 훈련
파워 강약고저 목소리를 위한 수사학, 음성학 훈련 ········ 136

기본적인 음성 훈련하기 ········ 136
최고의 명스피커(speaker)가 되기 위한 훈련들 ········ 143
기본 발성훈련을 위한 자세 요령 ········ 150
실전 수사훈련 ········ 151

07 경쾌한 리듬감 넣기
매력적인 리듬 스피치 만들기 ... 165

좋은 공명의 목소리 만들기 ... 167
정확하고 공명하며 명료한 발음 만들기 훈련 ... 169

08 복식 호흡법 만들기
호흡법과 복식기법으로 파워 목소리 따라잡기 ... 175

호흡의 세기 ... 176
복식 호흡법과 흉식 호흡법 훈련하기 ... 180
배를 충전하는 호흡법 ... 185
자세는 그 사람을 보여주는 것 ... 187

09 나만의 음색 발견하기
파워 목소리 스피치 자가 점검 10가지 ... 194

1. 능숙 능란한 음성표현의 조절 능력 ... 195
2. 구체적으로 묘사하는 능력 ... 195
3. 듣는 사람의 체험인 것처럼 표현하는 능력 ... 196
4. 이야기에 웃음을 가미하는 능력 ... 196
   1) 명스피커가 되는 비결 10가지 ... 197
   2) 나의 심령(마음) 상태 자가 점검하기(self check) ... 198

3) 나의 나쁜 언어습관 자가 점검하기(self check) ······ 199
4) 나의 내면 관찰하기 ······ 200
5) 발표 능력 자가 진단표(관찰) ······ 201
6) 나의 말투 점검하기 ······ 202
7) 스피치 자기 평가서 ······ 203
8) 자기 개발 프로젝트 체크 ······ 205
9) 스피치&전달법 크리틱 시트(Critique Sheet) 이용하기 ······ 206
10) 명강사 따라잡기 훈련 프로젝트 ······ 208

10 정보를 활용하는 10가지 훈련으로 목소리 스피치 컬러화하기 ······ 211

훈련 ① 평소 좋은 문장, 예화, 인용문을 만들어 활용하라 ······ 211
훈련 ② 연결사, 접속사, 전환어를 활용하라 ······ 218
훈련 ③ 속담, 격언, 숙어, 국어, 동사, 고사성어, 원리 적용하기 ······ 222
훈련 ④ 나만의 유머집을 만들어 활용하기 ······ 224
훈련 ⑤ 간단한 레크레이션을 활용하기 ······ 226
훈련 ⑥ 사건, 화재, 소식, 뉴스, 연애정보, 스포츠, 정치 등의 기사를 활용하기 ······ 228
훈련 ⑦ 맛이 있는 말을 사용하여 활용하기 ······ 229
훈련 ⑧ 긍정의 단어 나의 말로 활용하기 ······ 237
훈련 ⑨ 국어사전을 활용하여 언어 훈련하기 ······ 251
훈련 ⑩ 기본 영어 단어 소리 내어 읽기 훈련 ······ 256

11 백만불짜리 실용 활용 문장
실전, 실습에서 활용되는 인용 글 모음 ⋯⋯ 262

- 실전에서 가장 중요한 오프닝 메시지 ⋯⋯ 262
- 연습의 열심 ⋯⋯ 265
- 기다림의 덕 ⋯⋯ 267
- 리더십이란 ⋯⋯ 268
- 성실함 ⋯⋯ 270
- 조직을 이끄는 리더십 ⋯⋯ 270
- 독창성이란 ⋯⋯ 271

12 실제 스피치 연설 따라잡기
실제 소개 인사 축사 격려사 후보연설 스피치 훈련하기 ⋯⋯ 272

- ① 회원의 자기소개 하기 ⋯⋯ 272
- ② 인사말과 지역사업소개 ⋯⋯ 275
- ③ 격려 인사말 하기 ⋯⋯ 276
- ④ 격려사 (지역사회협의회) ⋯⋯ 278
- ⑤ 소개 인사말 ⋯⋯ 280
- ⑥ 주제발표 ⋯⋯ 281
- ⑦ 회장 후보 인사말 ⋯⋯ 283
- ⑧ 이사회 회의 진행 ⋯⋯ 287

실전훈련1	격려 인사말 훈련서 따라 해보기	293
실전훈련2	격려 인사말 훈련서 작성하기	297
실전훈련3	격려사 응용 활용문 사례	300
실전훈련4	구청장 취임사	303
실전훈련5	출마 연설문	308
실전훈련6	정기총회 회장 인사말	310
실전훈련7	행사 축사	312
실전훈련8	국제라이온스협회 축사	314
실전훈련9	신입생 환영사	316
실전훈련10	CEO인사말	318
실전훈련11	성년식 축사	319
실전훈련12	정기총회 진행	322

목소리에 컬러를 입히기 위해서는,

① 소리의 원리

소리는 눈에 보이지 않지만 살아 움직인다.

소리는 공기를 통해 전달되는 신호이다. 그래서 소리는 초당 340m의 속도로 전달된다. 다시 전파는 초당 30만km의 속도로 전달된다.

소리와 전파는 우리 눈에 보이지 않지만 분명히 이곳에 존재한다. 마찬가지로 우리의 입에서 내뱉어지는 모든 소리는 우리 눈에 보이지는 않지만 분명히 존재하고 있으며 위력적인 영향력을 지니고 있다.

남태평양의 솔로몬 군도에 사는 원주민들의 이야기를 들은 적이 있다. 이들은 큰 나무를 쓰러뜨릴 때, 독특한 방법을 사용했다. 나무가 너무 커서 도끼로 나무를 베어내는 것이 불가능할 때, 그들이 사용하는 방법은 바로 소리를 지르는 것이었다. 그들은 나무 주위를 빙 둘러싸고 나무를 향해서 목청껏 "쓰러져라! 쓰러져라!"하고 외친다고 한다.

그렇게 한 달정도 소리를 지르면, 나무가 실제로 쓰러진다는 것이다. 이 원주민들은 소리가 나무의 생명을 파괴하는 힘을 지니고 있다는 것을 알고 적용한 것이다.

소리는 강력한 힘과 생명력을 가지고 있다.

② 호흡의 원리

호흡은 생명이다.

호흡을 통하여 공기를 마신다. 호흡은 들이마시는 들숨과 내쉬는 날숨으로 구분한다. 즉 바깥의 신선한 공기를 들이마시고, 안에 있는 탁한 기운을 내보냄으로써 산소는 들이고, 이산화탄소는 버리는 것이다.

어떤 이가 목소리에 힘이 없고 무기력하며 의욕이 부족하다면, 그는 호흡이 부족한 것이다.

질문을 하나 하겠다.

"말투와 발음이 정확하지 못하다면 무엇이 문제인가?"

이런 사람들은 거의 대부분 호흡이 아주 약한 사람이다.

일단 좋은 목소리를 내려면 호흡은 강하고 깊어야 한다. 그러기 위해서는 반드시 복식호흡(배)으로 호흡하는 것이 필요하다.

배나 단전으로 호흡하여 소리를 만들어야 한다.

한 마디로 호흡은 곧 생명이다.

프롤로그

내 인생을 바꾸는 말

저희 시골집에는 어머니가 홀로 살고 계십니다. 그런데 형님이 시골에만 가면 정원을 가꾸고, 나무를 손질하고, 화단을 정리합니다. 그래서 한 번은 왜 그렇게 정성을 주느냐, 심어놓고 물만 줘서 죽지 않으면 되지, 왜 그렇게 가꾸느냐고 물었습니다. 그때 형님이 하시는 말씀은, "나무를 정원에 심었으면, 아름답게 꾸미고 가꿀 의무가 있다"는 것이었습니다.

한 가난한 정원사 청년이 있었습니다.

그는 나무 화분에 열심히 조각을 하였습니다. 정원을 가꾸는 일은 물론이고 정원에 있는 모든 나무 화분들을 멋진 조각품으로 만들었습니다. 퇴근시간 이후에도 그 일을 하였습니다. 그래서 한 번은 주인이 그 정원사에게 물었습니다.

"나무 조각을 한다고 임금을 더 주는 것도 아닌데, 왜 이런 수고를 하느냐"고 물었더니 청년은 웃으며 말했습니다.

"저에게는 이 정원을 아름답게 꾸밀 권리가 있습니다."

이 청년의 투철한 책임감에 탄복한 주인은 청년에게 장학금을 주어 미술학교에 입학하도록 했고, 결국 청년은 세계적인 화가로 성장해서 명성을 얻게 되었습니다. 이 가난한 정원사의 이름은 '미켈란젤로'입니다. 성실하고 근면하게 자기 일에 몰두하면 반드시 도약의 기회, 역전의 기회가 옵니다.

그렇습니다. 말을 유창하게 잘 하려면, 먼저 생각을 바꾸어야 합니다. 그리고 나도 할 수 있다는 자신감을 갖고 힘차고 우렁차며 또렷하게 자기 목소리를 내야 합니다.

한번은 물을 먹으려고 수도꼭지를 틀었더니, 흙탕물이 나왔습니다. 이 흙탕물을 없애려면 무엇을 바꾸어야 할까요? 수도꼭지를 바꾸면 어떨까요? 아닙니다. 하수관도 아닙니다. 바로 물을 공급해 주는 원천, 수원지를 바꾸어야 합니다. 그래야 깨끗하고 맑은 물을 얻을 수 있는 것입니다.

말이 그렇습니다. 내 말이 영향력이 있고, 능력 있는 말, 유창한 말꾼, 똑 소리나는 말, 조리있고 당당한 말이 되기를 원한다면, 힘차고 사람의 마음을 사로잡는 스피치를 갈망하고 있다면, 말을 바꾸어서는 안 되고, 말의 근원이 되는 우리의 생각을 바꾸어야 합니다.

우선, 우리의 관심이 중요합니다. 내가 무엇을 보고, 듣고, 누구를 만나느냐가 인생을 결정합니다.

┃운명을 바꾸는 7단계 ┃

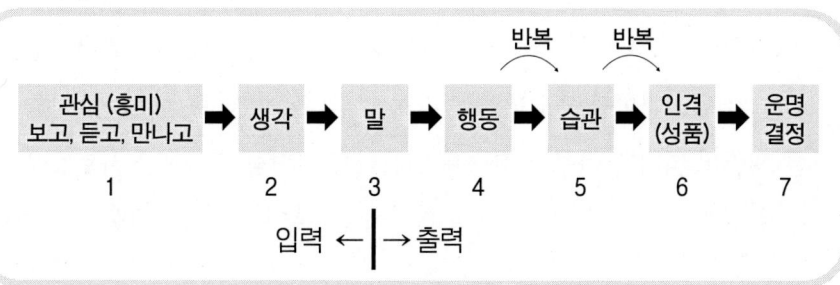

VOICE

첫인상, 말, 스피치, 목소리, 대화술, 발표력, 프레젠테이션에는 사람을 매료시키는 놀라운 비밀과 힘이 있습니다.

성공적인 삶을 살아가려면 말을 잘해야 합니다. 말에 능력이 있는 사람들은 하나같이 다 삶이 행복하고 활기찹니다. 그리고 공통된 특징은 그 목소리에 당당하며 자신만의 독특한 음색(목소리)이 있습니다. 그렇습니다. 말은 삶의 성공과 실패를 좌우하는 힘을 가지고 있습니다. 여기 말이 지닌 위력 여섯 가지를 기억해 두십시오.

① **각인력** = 말은 뇌에 각인되어 신체에 영향력을 준다.
② **견인력** = 말은 행동을 유발하는 힘이 있다.
③ **성취력** = 말은 목표를 달성하게 한다.
④ **생산력** = 말은 조직을 리드하는 힘이 있어 좋은 결과를 맺는다.
⑤ **창조력** = 말은 무(無)에서 유(有)를 만드는 능력을 갖고 있다.
⑥ **치유력** = 말은 질병과 상처를 치료하는 힘을 가지고 있다.

이처럼 당신의 말에 다양한 컬러를 입혀야 영향력 있는 목소리가 됩니다. 미국의 심리학자 메라비언이 연구한 법칙에 따르면, 표정(35%), 태도(20%) 등 눈으로 보고 판단하는 비율이 55%(몸짓), 그리고 목소리, 귀로 듣고 판단하는 비율이 38%이며 이야기의 내용을 듣고 판단하는 비율은 불과 7%. 그렇다면 무려 38%를 차지하는 요소는 바로 '목소리' 라는 것. 따라서 좋은 목소리를 가졌다면 이미 38%의 긍정적인 힘을 가지고 대화를 주도할 수 있다는 것입니다. 반대로 목소리에 남다른 색깔이 없다면 아무리 실력이 뛰어나도 사람들의 마음을 사로잡을 수가 없습니다. 그러므로 나의 목소리에 컬러를 입혀야 합니다.

이 훈련서는 당신의 목소리를 호감 가는 목소리로 만들어 줄 것입니다. 다만 꾸준히 이 훈련서의 지침대로 열심히 따라해야 합니다.

먼저 목소리가 나오는 구조를 알아야 할 필요가 있습니다.

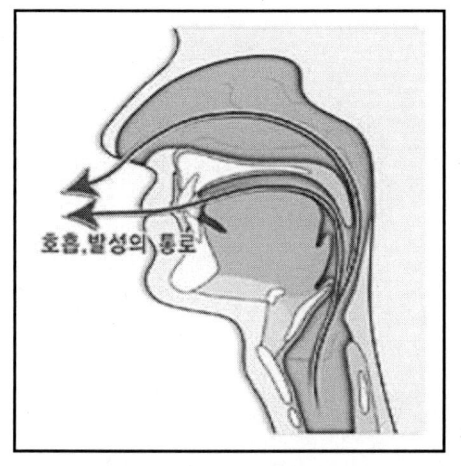

그 구조를 보면, 목소리는 배에서 호흡(기)이 올라와 발성기관(성대를 울려 목소리를 내는 기관)의 도움을 받아 공명기관 즉 인두와 비강을 말합니다.

인두는 음식물이 지나가는 통로이며 이곳으로 호흡과 발성의 통로가 됩니다. 그리고 비강은 코의 안 콧구멍으로 호흡과 발성의 통로가 됩니다. 이 기관은 소리를 키우고 음색을 갖게 합니다.

마지막으로 목소리는 조음기관(입술, 혀, 입천장)을 통해 최종적으로 좋은 목소리가 나오는 것입니다.

결국 정확한 발음은 얼마든지 지속적인 훈련을 통해 언어장애(발표불안, 떨림증, 공포증)를 극복할 수 있습니다.

VOICE

실전훈련서
호감 가는 파워 목소리 만들기

목소리에 컬러를 입히자

: 매력적인 자기만의 목소리를 만들기 위해, 사람들에게 호감 가는 목소리를 만들기 위해서는, 나만의 목소리를 표현하라. 그리고 정확한 발음을 내기 위해서는 목, 턱, 혀 운동을 해야 한다.

SPEECH

① 배로 숨 쉬는 복식호흡하기

: 배로 호흡을 하여 소리를 만들 때, 좋은 소리를 내며 명확한 발음과 신뢰감을 주는 소리, 굵고 우렁찬 목소리를 만들 수 있다. 또한 소리에 변화와 리듬을 줄 수 있다.

(1) 코로 공기를 폐 속 깊숙이 들이마신다. 이때 배는 풍선의 원리처럼 팽창하게 된다. 입은 다물고 코로 공기를 최대한 마신다.

(2) 그런 다음 2초 정도 멈추었다가 "프~"하면서 천천히 입으로 모두 뱉는다. 숨을 길게 쉰다는 것이다.

(3) 이번엔 한쪽 콧구멍을 막고 다른 한쪽으로만 숨을 쉰다. 이 과정을 교대로 반복한다. 이때 호흡이 배 밑으로 내려가게 하면 그것이 바로 단전호흡이다.

이와 같은 과정을 약 10분 동안 반복하여 훈련한다. 그러면 당신은 곧 배로 숨 쉬는 복식호흡법을 갖게 될 것이고, 호감 가는 나만의 좋은 목소리를 지니게 된다.

② 목소리를 좋아지게 하는 목 스트레칭

① 두 손을 깍지 끼어 뒷 목을 잡고 앞으로 숙인다.

② 한 손으로 머리를 잡고 옆으로 잡아 당긴다.

③ 머리를 뒤로 젖혔다 앞으로 숙였다를 반복한다.

④ 머리를 회전시킨다.

목 (두뇌소리)
가슴 (흉식기법)
배 (복식기법)

③ 얼굴, 입, 안면 근육 풀어주기

아			
에			
이			
오			
우			

4 입술, 혀, 턱 운동하기

① 혀 운동 : 입술이 붙지 않는 발음

다댜 더뎌 도됴 두듀 드디
라랴 러려 로료 루류 르리
사샤 서셔 소쇼 수슈 스시
하햐 허혀 호효 후휴 흐히

② 입술 운동 : 입술을 붙였다 떼는 발음

마먀 머며 모묘 무뮤 므미
바뱌 버벼 보뵤 부뷰 브비

③ 턱 운동 : 턱을 움직이는 발음

카캬 커켜 코쿄 쿠큐 크키
삭샥 석셕 속쇽 숙슉 슥식

⑤ 짧은 문장으로 발음 연습하기

바른 자세로 성대를 많이 열고 큰 소리로 읽는다. 문장 하나를 한 호흡으로 끝까지 읽는다. 특히 해당 발음이 잘 안 되는 것은 반복해서 읽는다.

칠월 칠일은 평창친구 친정 칠순 잔칫날

**얄리얄리 얄라셩 얄라리 얄라
머루랑 다래랑 먹고 청산에 살리라 얄라리얄라**

**간장공장 공장장은 강 공장장이고
된장공장 공장장은 장 공장장이다.**

**작년에 온 솥 장수는 새 솥 장수고
금년에 온 솥 장수는 헌 솥 장수다.**

**앞집에 있는 말뚝이
말 맬 말뚝이냐 말 못 맬 말뚝이냐**

한국관광공사 곽진관 관광과장

6 걷기, 달리기, 줄넘기 운동으로 좋은 발성 만들기

상하운동, 전신운동이 되는 걷기, 달리기, 줄넘기 운동을 하면서 발성 훈련과 호흡법 훈련 그리고 노래를 부르면 건강한 목소리와 좋은 발성을 갖게 된다.

뛰면서 노래 부르기

> 사나이로/ 태어나서 / 할 일도 많다만/
> 너와 나 / 나라 지키는 / 영광에 살았다/
> 전투와 / 전투 속에 / 맺어진 전우여/
> 산봉우리에 / 해가 뜨고 / 해가 질 적에/
> 부모형제 / 나를 믿고 / 단잠을 이룬다/

⑦ 기본 발성 훈련하기

입을 크게 벌리고 정확한 발음을 내는 훈련을 한다. 발음을 뚝뚝 끊어서 내뱉는다. 목에 힘을 주지 않고 자연스럽게 음을 낸다. 정확한 발음을 내도록 한다.

아에이오우
가나다라마바사아자차카타파하

ㄱ, ㄴ,

ㄱ + ㅏ = 가   ㅂ + ㅗ = 보
ㄴ + ㅏ = 나   ㅅ + ㅗ = 소
ㄷ + ㅏ = 다   ㅇ + ㅗ = 오

8 말의 마디를 끊어서 읽기

말의 마디를 끊어서 읽어주는 훈련을 한다. ",", "?"는 2초 정도를 쉬어주며, "/"마디는 1초 정도를 쉬고 난 다음에 글을 읽는다.

한 마디의 긍정적인 단어는 / 듣기만 해도 /

사람들에게 활기를 주고 / 웃음을 주고 /

넘치는 에너지를 준다. /

반면, 부정적인 단어는 / 떠올리기만 해도 /

사람들을 화가 나게 하고 /

불안하게 하고 / 분위기를 어둡게 만든다. /

지금 당신은 / 어떤 말을 하고 있는가?

⑨ 단어 강조하기

문장 중에서 강조되는 단어에 힘을 주고 그 내용을 강조한다. 그러므로 문장에 힘이 있게 된다.

> 어느 **시인은** 말하기를, **봄은 아지랑이를** 타고 오며, **여름은 소나기를** 타고 오며, **가을은** 빨간 **고추잠자리를** 타고 온다고 했다.
> 그리고 **겨울은** 코끝을 시리게 하는 **매운바람을** 타고 온다고 했다.

① 주어를 강조

> **나는** 절대로 찬호를 때리지 않았다.

② 상황을 강조

> 나는 **절대로** 찬호를 때리지 않았다.

③ 대상을 강조

> 나는 절대로 **찬호를** 때리지 않았다.

④ 행동을 강조

> 나는 절대로 찬호를 **때리지** 않았다.

⑩ 감정이입하여 표현하기

그 내용에 맞는 감정이입을 하면 말이 더욱 맛깔스럽다.
그 상황과 내용에 맞게 감정을 표현하는 훈련을 하라.

"여러분, 안녕하세요."

반가울 때

> 안녕하세요.

기분이 나쁠 때

> 안녕하세요.

화가 났을 때

> 안녕하세요.

즐거울 때

> 안녕하세요.

11 단어, 문장의 강약고저 스피치 훈련하기

단어나 문장의 강약고저 스피치를 훈련하는 것이다.
그러므로 스피치에 강약고저적 능력을 키울 수 있다.

단어 예문 :

나도 명강사 될 수 있다.

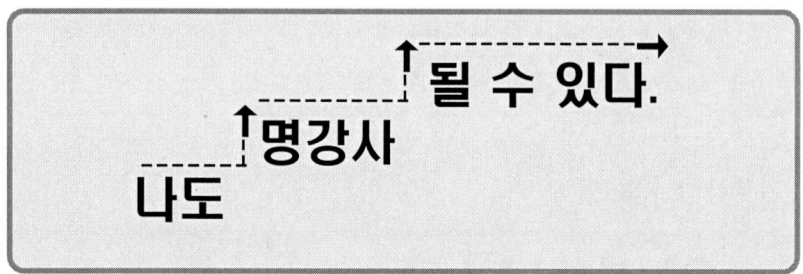

문장 예문 :

"확고한 목표나 소망이 단호히 행동으로 옮겨졌을 때, 꿈은 실현될 수 있다."

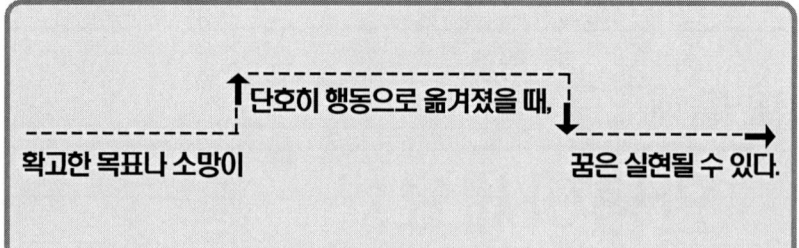

12 음성의 높낮이 훈련하기

가장 낮은 음성은 10음이고 100의 음성까지 있다. 음성의 높낮이를 주어야 단조로움과 지루함을 피하고 생동감 있는 스피치를 할 수 있다.

10음, 나는 할 수 있다.
30음, 나는 할 수 있다.
50음, 나는 할 수 있다.
70음, 나는 할 수 있다.
100음, 나는 할 수 있다.

13 목소리가 입에서 나올 때

사람의 입에서 나오는 소리의 억양은 3가지이다. 그런데 그 사람의 말투에 따라 결과는 너무도 다른 결과를 얻는다.

날카로운 목소리

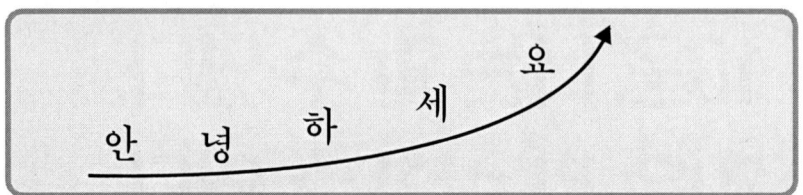

밋밋하고 단조로운 목소리

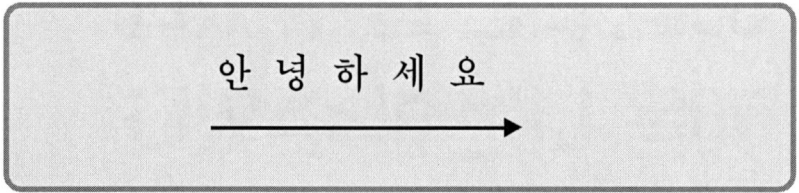

동그란 목소리

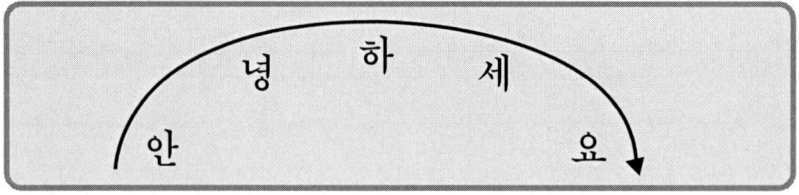

01 똑 소리 나게 표현하는 목소리 스피치 준비

탄탄한 목소리 스피치 기초 다지기

영국 BBC방송이 6명의 전문가들로 구성된 행복위원회와 함께 슬라우시 주민들을 대상으로 실시한 행복실험이 있었다. 이 실험에서 행복위원회는 슬라우시 주민들에게 제시 한 행복헌장 10계명을 제시했다. 슬라우시의 자원자들은 행복실험이 계속되는 3개월 내내 이 10계명을 실천했고, 그리고 행복감을 느꼈다. 이 과정을 영국 BBC다큐멘터리 '행복'이란 제목의 책으로 펴낸 자유 기고가 겸 방송인 리즈 호가드는 2개월 동안만 아래의 행복헌장 10계명을 실천해보면 이전보다 훨씬 더 행복해질 것이라고 말하였다. 우리도 행복헌장 10계명을 잘 지켜 보다 행복한 삶을 살아야 할 것이다.

◀ 행복헌장 10계명 ▶

① 운동을 하라.
② 좋았던 일을 떠올려보라.
③ 대화를 나눠라.
④ 식물을 가꾸라.
⑤ TV시청 시간을 반으로 줄이라.
⑥ 미소를 지으라.
⑦ 친구에게 전화하라.
⑧ 하루에 한번 씩 유쾌하게 웃으라.
⑨ 매일 자신에게 작은 선물을 하라. 그리고 그 선물을 즐기는 시간을 가지라.
⑩ 매일 누군가에게 친절을 베풀라.

세계적으로, 아니 국내에서만 보더라도 성공한 많은 사람들은 한 결같이 말을 잘한다는 특징이 있다. 그리고 자신만의 목소리를 낸다. 그들은 다스리는 말, 위로 하는 말, 칭찬의 말, 감사의 말, 호소하는 말, 설득의 말, 대화의 말, 협상하는 말, 발표하는 말 등 상대방의 마음을 사로잡아 자신의 입장을 관철시킬 수 있는 탁월한 능력을 갖춘 사람들이라는 사실이다.

그런데 보통은 말을 똑 소리 나게 잘한다는 것은 선천적으로 타고나는 것이 아니냐고 생각할지 모르지만, 필자의 경험과 연구에 의하면 이것은 얼마든지 후천적인 훈련과 노력으로 가능한 일이라는 것을 발견했다. 그러므로 누구든 인간관계에서 성공하기 원한다면, 분위기를 장악하고 사람들에게 호감을 받기 위해서는 말하는 능력을 갖추어야 한다. 목소리에 컬러를 입혀야 한다. 그리고 지속적으로 배워야 하고 훈련을 받아야 한다. 이는 얼마간의 연습과 반복이 필요하다.

필히 이 목소리 실전 훈련 지침서가 당신을 분명 대화의 달인, 표현의 달인, 스피치의 달인이 되도록 실질적으로 도와 줄 것이다. 그러니 믿고 따라오라. 굳이 이것을 증명할 필요가 없다. 필자가 말 때문에 우렁찬 목소리로 횡재를 한 사람이다. 말로 수지를 본 사람이기 때문에 말이 필요 없다. 지금 당신은 말로 횡재를 맞은 사람의 글을 직접 읽고 있지 않은가.

이 훈련 지침서가 가르치고자 하는 것은 강의든, 대화든, 세미나든 처음부터 실제적인 목소리를 훈련시키고자 함이다. 따라서 이 지침서를 읽는 것이야말로 이미 성공을 손에 움켜쥔 것이나 다름없다.

왜냐하면, 이것은 매우 실질적인 목소리 훈련서이기 때문이다.

말을 평범한 대화의 수단으로 또는 누구나 지닌 하찮은 전달의 도구로 생각한다면, 아니 가벼운 소통의 수단으로 본다면 그것은 너무도 큰 착각이다. 어쩌면 내 인생 최고의 큰 착각이다.

말은 현실을 만들어 내는 엄청난 힘을 가지고 있다. 말은 인간관계 최고의 커뮤니케이션 수단이다. 그러므로 일단 시작한 이상 도중에 탈락해서는 안 된다. 너무도 비싸고 중요하기 때문이다. 이는 최고의 성공 가치이며 자원이기 때문이다.

말은 흉기와도 같다. 때론 말은 성공케 하는 최고의 도구이기도 하다. 그래서 시대마다 말을 잘한다는 것은 매우 가치 있는 자산(資産)으로 여긴다. 그래서 표현력이 있는 사람을 인정해 주는 사회적 분위기 위에 살고 있다. 그러나 착각하면 안 된다. 말을 잘한다는 것이 의미 없는 말을 나발대는 수다쟁이를, 온갖 미사여구를 동원하여 매끄럽게 쏟아내는 달변가를 의미하지 않는다. 즉 말을 잘 한다는 것은 상대방의 기분을 고려해서 적재적소에 걸 맞는 언어표현을 잘하는 것을 의미하는 것이다. 눈높이에 맞는 언어 구사 능력 말이다.

현대사회에선 공적이든 사적이든 사람들 앞에서 이야기할 기회가 많이 주어진다. 제가 예언하건데, 앞으로 사람들 앞에서 말할 기회가 더 많아질 것이다. 그런 시대에 살고 있다.

조회 때의 인사, 회의석상에서의 발언, 업무의 프리젠테이션, 송년회, 신년회, 환영, 환송회, 행사와 결혼식의 축사, 동창회에서의 인사, 주민회의, 학부모회, 자기소개시의 언변, 면접 그리고 다양한 분야에서의 강의나 세미나 등등 많은 발표 기회가 주어지는 사회이다.

이와 같은 자리에서 긴장하지 않고, 내 생각이나 견해를 조리 있게 술술 말할 수 없는가? 염려, 걱정하지 말라.

"제가 책임지겠습니다! 믿고 맡겨주세요."아니 저의 지침대로 따라 오시면 확실히 바뀐 나의 언변력과 당당한 자신감을 보게 될 것이다.

혹시 말 때문에 창피를 당한 적은 없는가?

사람들 앞에서 이야기할 때, 너무 긴장되고 흥분되어 그리고 떨려서 창피를 당한 적은 없는가? "아, 있다고요. 헤아릴 수 없을 만큼 많다고요. 생각만 해도 끔찍하다고요."

면접 시, 자기소개 시, 발표 시, 연설 시 아래와 같은 현상이 나타난다면,

- ☐ 손발이 그리고 목소리가 떨린다.
- ☐ 눈앞이 캄캄해진다.
- ☐ 사람들만 보면 주눅이 들어 버린다.
- ☐ 머릿속이 하얘지고 목소리가 제대로 나오지 않는다.
- ☐ 갑자기 호흡이 거칠다.
- ☐ 심장이 쿵쾅거린다.
- ☐ 이마에서 식은땀이 나온다.

이 중에 내가 하나라도 해당되는 항목이 있다면 반드시 이 목소리 훈련 지침서의 도움을 받아야 할 것이다. 여기 방법대로 훈련하면 좋은 스피커가 될 수 있다. 그리고 좋은 목소리를 가지게 된다.

최근 저의 연구실에 찾아오는 사람들의 나이가 무려 70, 80대에서도 화술과 리더십을 배우려고 찾아오는 것을 볼 수 있다. 또 내가 알고 있는 한 회사원은 머리도 좋고, 좋은 대학을 나왔으나 사람들과의 대인

관계가 문제가 되어, 조직에서 늘 밀려나는 것을 경험했다고 한다.

얼마 전의 이야기이다. 50대 1의 높은 경쟁률을 뚫고 대기업에 입사하였다. 상사로부터 촉망받는 직원이었다. 그런데 시간이 지날수록 자신의 직업능력을 인정받는 자리에서 정확하게 전달하는 스피치 능력이 떨어져서 결국은 진급에서 제외되고 말았다.

한번은 70살이 훨씬 넘은 어르신께서 부동산 관계 업무에서 다양하고 많은 사람들 앞에 나가 설명하고 설득해야 되는데, 내 뜻대로 표현이 되지 않아 큰 창피를 당한 적이 있어, 부동산 사무실을 열기 전에 먼저 표현력을 갖추는 것이 먼저인 것을 나중에서야 깨달아 오게 되었다고 하였다. 공부를 많이 한 교수가 교수전달법이 안 되어서 필자를 찾아와 훈련을 받았던 적이 있다. 그렇다. 현대 사회에서 말주변이 얼마나 중요한지를 알 수 있는 사례들이다.

필자의 학부 때 일이다. 독일에서 많은 공부를 하신 교수님이 새로운 강좌 과목을 개설하였다. 처음에는 학생들이 교수님의 학위를 보고 기대하여 과목을 많이들 신청하였다. 그런데 그의 전달력은 빵점이었다. 그 다음 학기에는 개설 최소 인원인 6명이 등록되지 않아 그 과목은 폐강되었다.

그때 알았다. '많이 아는 것과 전달하는 것은 다르다' 라는 것을 말이다. 많이 배운 것과 전달하는 능력은 다른 것을…….

필자가 가장 힘있게 선포하는 슬로건 중에 "러닝 바이 두잉(Learning by Doing)" 바로 이것이다. 아는 것 보다 실천하는 것이 더 중요하다.

좋은 목소리를 가지고 싶다면 당장 여기 지침대로 피나는 훈련과 반복적인 연습이 필요하다. 그래야 최고의 말꾼이 될 수 있다. 컬러화된 나만의 목소리를 갖게 된다.

먼저, 3분 스피치를 정복하라

모든 분야에서 3분은 매우 중요하다.
3분의 영향력을 과히 대단하다. 첫인상이 결정되는 순간은 3분이며, 운동경기도 처음 3분을 잘 버텨야 이긴다. 그리고 사람 앞에 선 사람에게 있어 3분은 매우 긴 시간이다. 사람들 앞에서 3분 동안 완벽하게 이야기할 수 있는 능력을 갖추어진다면 당신은 명강사이다. 명전달자이다. 긴 스피치도 결국은 3분짜리가 여러 개 모여져서 만들어지는 것이기 때문이다.
3분의 스피치에 따라 떨림증과 공포증을 극복할 수 있다. 완전하고 파워있는 3분 스피치는 다음의 4가지 훈련을 통해서 얻어지는 것이다.
잊지 말라. 모든 스피치는 3분을 정복하여 얻어지는 것이다. 3분, 180초 말이다.
다음의 3분 스피치의 원리를 통해 3분을 쉽게 정복할 수 있다.

◀ 3분 스피치의 원리 ▶

④ 자신감이 생긴다.   ① 스피치 기본을 익힌다.

3분

③ 경험을 쌓는다.   ② 충실한 연습을 한다.

나의 파워스피치 기법은 매주 3분 스피치 발표 경험을 갖게 하는 것이 최고의 강의법이다. 그러므로 원고 작성과 구조, 발표 능력을 갖추게 하는 것이다. 3분 스피치를 정복할 수 있다면 말을 정복한 것이나 다름없다.

◀ 3분 스피치의 힘 ▶

<원리> 3분 x 1 = 3분
3분 X 2 = 6분
3분 X 4 = 12분

이 원리만 알고 익혀도 사람들 앞에서 자유자재로 스피치 할 수 있게 된다. 3분짜리 스피치 경험을 쌓아 나가다 보면 두려움은 사라지고 자신감 넘치는, 거침없이 말하는 당당한 언변가가 될 것이다. 매일, 매주, 매번 3분 스피치로 나눔의 시간을 가져라. 3분 스피치 훈련은 나를 탄탄한 언변가로, 말꾼으로 만들어 준다.

주어지는 신문의 기사, 칼럼을 훈련과 발표 내용으로 활용한다. 2-3인이 각 한 조가 되어서 미리 읽고 스피치 원고를 작성하여 대표자가 나와서 발표를 한다. 남은 동료는 자세하게 모니터하여 평가하고 진단해 준다. 스피치 평가 진단표는 이 지침서 뒤에 준비하여 놓았다.

> **트레이닝** 매주 3분 주제 스피치 작성 훈련하기
>
> 3분 스피치 발표는 최고의 훈련법이다. 수시로 준비하여 발표한다.
> 서론, 본론, 결론의 구성을 갖추어 A4 크기의 두 장 정도의 분량을 작성하여 제출한다.
> 주제는 자유이며, 발표시간은 3분이다.
> 홈페이지나 메일 등으로 보내라.
> (jbt6921@hanmail.net | www.speech1.com)
> 휴대폰 동영상, UCC 동영상으로 보낸다.
> 3분 스피치 그룹 모임을 갖는다.

당당한 대면 시선처리 스피치

사람들과 일대일, 일대다수로 대면하여 스피치 할 때 호감을 주는 대화법은 강약고저의 목소리 스피치, 리듬 스피치이다. 또, 발표자가 언제 가장 긴장하고 공포감에 휩싸일까?

다리가 떨리고 식은땀이 나올까? 바로 사람들이, 청중들이 나를 뚫어지게 주시할 때이다. 자신이 주목받고 있다고 느낄 때이다. 이는 청중들 눈에서 나온 기 싸움에서 눌렸다는 것이다. 즉 이는 시선처리 능력이 부족하다는 것이다. 이야기하면서 사람들의 눈을 쳐다보는 익숙함이 없기 때문이다.

이를 극복하기 위해서는, 평소 대화시 사람들의 눈을 쳐다보며, 얼굴

을 응시하며 얘기하는 익숙함이 있어야 한다. 청중의 얼굴을 바라보면서 이야기를 나누는 것은 신실함을 전하는 중요한 기술이다. 이를 시선처리 능력이라 말한다.

스피치에서 비언어 중 최고의 기술이 바로 시선처리 능력이다.

말을 할 때, 발표할 때, 청중을 골고루 쳐다보면서 눈으로 말하고, 눈으로 의사소통을 나눌 수 있어야 한다. 여기서 호감을 얻어 내야 당당한 대면 대화를 이끌어 낼 수 있다.

파워 팁   **먹히는 말의 법칙 기본 10가지**

① 쉬워야 한다.   ② 한 마디로 제압하라.
③ 당신의 말이 곧 당신이다.   ④ 반복, 반복, 또 반복하라.
⑤ 말도 싱싱해야 팔린다.   ⑥ 소리로 각인시켜라.
⑦ 독려하고, 치켜세우고, 촉구하라.   ⑧ 눈에 보이게 말하라.
⑨ 말도 부메랑처럼 던져라.   ⑩ 이유를 제시하라.

암시적 힘을 발휘하라

무거운 짐을 들어 올릴 때, 운동선수들이 힘을 낼 때, 무슨 소리를 내는가? 아주 큰 구호나 다짐을 한다. 그래서 어디선가 힘이 솟아나는 것을 볼 수 있다. 바로 구호, 외침, 다짐은 내 몸 안에 잠재되었던 능력을 발휘하게 만든다. 즉 힘있는 외침은 암시적 힘을 갖고 있다는 것이다.

여기 좋은 이야기가 있어 전한다.

한 번은 젊은 청년이 유명한 노만 빈센트 필 박사에게 찾아와서 물었다.

"박사님, 어떻게 하면 세일즈를 잘 할 수 있을까요?"

그 물음에, 노만 빈센트 필 박사는 조그만 카드를 꺼내어서 그 청년에게 주면서 적게 했다.

"나는 훌륭한 세일즈맨이다."

"나는 세일즈 전문가이다."

"나는 모든 준비가 되어 있다."

"나는 프로다."

"나는 한 번 만난 고객은 반드시 나의 고객으로 만든다."

"나는 즉시, 행동을 한다."

필 박사는 청년에게 그 카드를 갖고 다니면서 수시로 되풀이하여 읽게 했다. 그 청년은 고객을 방문하기 전에는 몇 번씩 되풀이해서 읽으면서 자기 자신에게 다짐을 했다. 이렇게 반복해서 읽는 동안에 청년에게 기적이 일어났다. 자신에 대한 긍정적인 말이 그 청년을 유능한 세일즈맨으로 바꾸어 버린 것이다. 무엇이든 할 수 있는 세일즈맨으로 만들어 주었다.

칭찬 역시 우리 내면에 잠재되어 있는 암시적 힘을 발휘하게 한다.

잠깐 칭찬의 힘을 보라. 칭찬을 들은 직원은 의욕을 발휘하고 책임감 강한 직원이 될 것이다. 이것이 암시의 힘이다. 플라시보 효과이다. 수시로 대화나 스피치 중에 청중들에게 구호나 다짐을 외쳐라.

플라시보 효과

"제가 보니, 여기 모인 분들은 최고의 미인들만 오신 것 같습니다."
"대단합니다." "최고입니다." "넥타이가 잘 어울리십니다."
"할 수 있다." "해 보자." "괜찮아." "자녀가 참 잘생겼네요."
"난 할 수 있다." "그 분야의 최고입니다."

그래서 세상에서 가장 영향력 있는 말이 다름 아닌 평범한 다음의 말이라고 하지 않은가. 내 삶의 주변의 사람들에게 기쁨으로 선물하라.
"감사합니다." "고맙습니다." "수고하셨습니다." "사랑합니다."

최고의 대화기술은 상대방을 세밀하고 구체적으로 칭찬하는 것이다. 그래야 대면 스피치에서 주도적으로 이끌어 갈 수 있다.

트레이닝 | 표어 / 슬로건 / 각오 만들기

나의 표어를 말로 표현할 필요가 있다.
표어는 나의 언변을 뒷받침해주기 때문이다.
표어는 짧으면서 함축된 의미가 있을 때 그 효과가 좋다. 지금 나만의 표어를 만들어 큰 소리로 외쳐보라.

직장 :
가정 :
인생 :

첫 신호를 보내라

모든 스피치, 어떤 대면에서든, 어떤 형태의 커뮤니케이션이든 가장 첫 번째로 전달되는 커뮤니케이션은 바로 첫인상이다. 이것이 가장 먼저 전달되는 비언어이다.

가장 긴장이 되는 순간은 바로 많은 사람들이 단상으로 올라가 마이크를 향해서 걸어 갈 때이다. 사람들의 모든 시선은 전달자에게 향하여 있고, 표정은 굳어져 있다. 그러므로 걸음걸이는 불안정하다.

단상을 향해 걸어갈 때 그리고 마이크 앞에 서기 까지, 마치 배우처럼 당당하고 자신감 넘치는 자세를 가져라. 그러면 긴장이 완화된다. 잠시 여유를 갖고 미소도 지어 보여라. 이는 첫 번째 비언어이다. 첫인상 커뮤니케이션의 소통은 바로 환하고 밝은 미소이다. 걸음걸이다. 자신감 넘치는 자세이다. 그리고 인사이다. 이것이 처음 대면 커뮤니케이션에서 가장 중요한 첫 번째 신호다. '씨익~' 밝고 환한 미소~.

> **트레이닝** 실전처럼 ..시작, "첫인상 언어"
>
> 한 명씩 무대를 향해 걸어간다.
> 딱딱한 표정으로는 절대 안 된다. 뻣뻣한 자세로는 절대로 안 된다.
> 단상에 서서, 그 다음 동작은 무엇인가? 바로 사람들을 향하여 정중하게 인사를 하는 것이다.
> "여러분, 안녕하십니까?
> 언제나 최고만을 고집하는, 성공하는 사람들의 능력을 개발시키는 최고의 리더, 정병태 교수입니다."
> 인사말을 먼저 하고나서 정중히 고객 숙여 인사를 한다.
> 인사를 통해사람들이 환영하며 분위기가 긴장 상태에서 차분한 분위기로 바꾸어진다.
> 실시 ~.

확인학습 | 스피치시 인사법

① 사람들 앞에 차려 자세로 서서 큰 소리로,
   "여러분, 안녕하십니까?"하고 먼저 말을 한다.
② 정중히 허리를 구부리어 45도 위치까지 머리를 숙여 인사를 한다.
③ 그 상태에서 3초 동안 정지 한 후 천천히 몸을 일으켜 세운다.
④ 심호흡을 한 번하고,
   "저는 서울커뮤니케이션교육대학원 커뮤니케이션과 주임교수 정병태라고 합니다.
   여러분, 사랑합니다. 감사합니다. 고맙습니다. 열심히 하겠습니다."

   이와 같은 훈련을 여러 번 반복해서 몸에 익혀야 한다.
   한 사람씩 시작~~

먼저, 마음을 코칭하라!

마음, 정신, 영혼, 심령(mind, heart)은 같은 의미이다.

이 마음의 힘이 약하면, 삶이 피곤하고 대인관계가 힘들다. 당연 자신감이 없고 삶이 무기력하고 대인관계가 힘든 이유가 바로 여기에 있다. 100% 대면의 자리에서 긴장하게 되어 원하는 만족한 대화를 나눌 수 없다.

다음의 물음에 체크해(∨) 보라. 당신의 마음 상태를 알 수 있다.

◀ 마음상태 체크하기 ▶

- ☐ 삶이 피곤하고 근심이 많다.
- ☐ 자신이 싫어하는 일이나 남들이 요구하면 거절을 못한다.
- ☐ 귀가 얇아 남의 말에 잘 빠진다.
- ☐ 무슨 일이든 의지와 결단력이 약하여 오래 가는 것이 없다.
- ☐ 두려움에 쉽게 사로잡히며 쉽게 상처를 받는다.
- ☐ 대인관계가 피곤하다.

만약 위 항목에 하나라도 내가 해당되는 것이 있다면, 당신은 약한 마음을 지닌 자이다. 이는 마음이, 기가 대단히 약하다는 의미이다.

마음(정신)의 힘이 약하면, 삶이 피곤하고, 대인관계에 고통을 겪게 된다. 낯선 장소, 낯선 만남이 싫어진다. 그 이유는, 나의 마음이 얇기 때문이다. 창호지 같은 마음이기 때문이다. 그렇다면, 마음이 얇은 사람에게 나타나는 심리적 증상을 아래에 적어보라.

◀ 마음이 얇은 사람의 심리적 증상 ▶

① _____
② _____
③ _____
④ _____
⑤ _____

이러한 증상들에는 해결책이 없는 것일까?

물론 있다. 자신의 기질과 마음의 상태를 바로 알면 얼마든지 극복할 수 있다. 허나 그것을 이해하지 못하고 극복하지 못하면, 평생 대인관계에 피곤함을 느끼게 된다.

대인관계에서 어려움을 겪고 있는 사람들의 대부분은 그의 성품이 너무 쉽게 상처를 받는다는 것이다. 약한 마음의 특징이 바로 사소한 말에도 상처를 잘 받는다.

한번은 40대 여성과 상담하였던 사례가 있었다. 그녀는 아주 사소한 말에도 상처를 쉽게 받는 사람이다. 강한 스타일의 사람만 봐도, 목소리를 듣기만 해도, 가슴이 뛰고 눈치를 지나치게 본다.

지금 나의 약한 마음의 상태는 무엇인가? 좀 더 자세히 체크해 보자, 절대로 컨닝하지 말고, 자세히 자신의 마음 상태를 알아보자. 알아야 고칠 수 있으며 강화시킬 수 있다. 약한 마음의 원인을 발견해야 강화할 수 있기 때문이다.

실제훈련 대중을 제압하는 강한 근육과 맷집 만들기

권투 선수들은 훈련 중 하나가 상대를 치는 훈련보다 맞는 훈련을 통해 자신의 맷집을 강화시킨다고 한다. 스피치 역시 훈련을 통해 나의 마음을 강한 맷집의 심장으로 만드는 것이 중요하다.

심장이 약하고 영혼의 껍질이 얇은 것의 이유는, 정서적인 기복이 심하며 끈기가 부족하다는 것이다. 또한 이들은 귀가 얇아서 다른 이들의 말에 잘 휩쓸린다. 자신의 의사와 입장을 당당하게 표현하고 상대방을 몰아붙이는 소질이 없다는 것이다. 이런 사람들은 절대로 대중을 제압하지 못한다.

① 큰 소리로 부르짖기
　　　효과 ⇒ 내 배 안에 있는 약한 기운이 밖으로 나온다.

하루에 5-10분씩 큰 소리로 말한다.
이 훈련은 힘들고 어렵다. 그럼에도 불구하고 계속 시도하면 막힌 내 심령이 뻥 뚫리는 듯한 느낌과 아주 후련해짐을 느끼게 된다.

② 큰 소리로 책읽기
　　　효과 ⇒ 내 속에 있는 나쁜 기운이 드러나게 된다.

계속 시도하다 보면, 마음이 후련해지는 것을 느낀다. 그러면서 기침이나 가래가 나올 수 있다. 목이 아플 수도 있으나 좋은 현상이다.

③ 큰 소리로 다짐하기

④ 큰 소리로 긍정의 말하기

⑤ 큰 소리로 자신의 비전을 말하기

⑥ 큰 소리로 1분 즉흥 스피치 하기

02 부드러운 소통 목소리를 만드는
목소리 실제 훈련 지침서

흔히 "목소리"라고 하게 되면 목에서 나오는 소리만 생각하기 쉽다. 그러나 소리는 목뿐만 아니라 가슴이나 배에서 나오는 소리가 더 중요하다. 그래서 가슴의 소리, 배의 소리를 자유자재로 낼 수 있는 사람의 소리는 사람의 마음을 사로잡는 것이다. 우렁차고 힘 있는 소리가 바로 여기서 나오는 소리이다.

목소리를 들어보면, 아무리 내용이 좋다 하더라도 모기소리처럼 작게 기어들어가듯 이야기해서는 아무리 잘 들어주려 해도 잘 들을 수가 없다. 혹시 나의 언어에 다음의 나쁜 언어 문제가 있는지 체크해 보라.

[　] 목소리가 작다.
[　] 말이 빠르다.
[　] 말꼬리를 흐린다.
[　] 억양에 나쁜 버릇이 있다.
[　] 음질이 좋지 않다.
[　] 목소리에 강약고저의 변화가 없다.

그렇다. 이야기를 할 때는 쾌감을 주는 템포를 주어 말을 한다. 그리고 노래하듯이 강약과 완급을 조절하여야 한다. 또한 평소 글을 크게 읽는 훈련을 해야 해서 밝고 명확한 발성을 갖추고 많은 책을 읽어 다양한 정보를 확보하여 좋은 어휘력을 키워 두어야 한다.

명심하자. 좋은 목소리는 훈련을 통해 나만의 공명점을 찾고 복식호흡을 찾아내어 만드는 것이다. 그래서 그 목소리에서 맑고 깨끗하고 예쁜 소리가 나오는 것이다.

부드러운 소통 목소리

목을 트이라.
현재 가지고 있는 목소리, 톤, 억양, 어투 등을 최대한 트라.
가장 좋은 훈련은 3분, 5분 스피치를 활용하는 것이다. 신문사설을 가지고 소리 높여 읽는 것이다. 이와 같은 꾸준한 훈련은 우리의 언어 순발력에 강해진다.
목이 탁하고 약한 목소리를 가져서 소리가 가늘다. 그러나 목소리 실제 훈련을 통해 얼마든지 강하고 힘찬 그리고 사람의 마음을 사로잡는 소리를 만들 수 있다.
이 지침서는 상쾌한 목소리와 우렁차고 힘찬 소리를 만들어 내는 탁월한 실질적인 훈련서이다. 그러기 위해서는 목이 트이고 가슴이 열려야 아랫배에서 힘이 솟는다.
가장 좋은 목소리 훈련은 글이나 신문의 내용을 크게 소리 내서 읽는 것이다. 이는 두뇌 개발은 물론이고 좋은 목소리를 만드는데 탁월한 훈련 방법 중 하나이기도 하다. 읽되 발음을 명확하게 하여 의식적으로 크게 천천히 읽는 연습을 해 본다.

되도록 긍정적인 문구, 좋은 어휘와 문장을 매일 크게 읽는다. 그리고 조금씩 읽고 있는 글을 실생활에 적용시켜 본다.

그렇다. 부드럽고 힘찬 목소리를 가꾸기 위한 훈련으로 첫째는, 소리 내어 읽기, 두 번째는 소리 지르기이다. 꾸준히 2주 만 해도 변화된 목소리의 결과를 발견하게 될 것이다.

사람이 내는 소리는 크게 3가지로 구분할 수 있다. 호흡의 종류로도 구분될 수 있다. 목에서 소리를 내는 호흡이다. 이는 아주 약한 호흡을 한다. 흉식호흡은 가슴에서 호흡을 하는 것이다. 그리고 복식호흡이 있다. 이는 배에서 호흡하는 것을 말한다. 단전호흡이라고도 말을 한다.

(1) 목의 소리이다.
(2) 가슴의 소리이다.
(3) 그리고 배(복식)의 소리이다.

우리가 잘 알고 있듯이 목의 소리는 보통 대화하듯이 가볍게 내는 소리이다. 가늘고 약하다는 것이다. 어떤 위력도 발휘할 수 없다. 그리고 가슴의 소리는, 폐에다 힘을 주어서 소리를 만들어 내는 소리이다. 조금은 울리는 소리이다. 진동이 느껴지는 소리이다. 힘이 있는 소리이다.

우리는 다음의 소리에 주목해야 한다.

셋 번째 소리를 내는 배(복식)의 소리는 최대의 큰 소리를 낼 때, 배에 힘을 주어 나오거나 단전의 기운이 올라오면서 나오는 힘찬 소리이다. 우렁차고 쭉쭉 뻗어 나아가는 소리이다. 위력적이다.

그러나 누구나 다 위 3가지 소리를 자유자재로 낼 수 있는 것은 아니다. 사람에 따라 목에서, 가슴에서, 그리고 배(복식)에서 소리는 낸다.

당연 셋 번째 배(복식,단전)에서 나오는 소리는 건강에 직접적으로 영향을 준다. 그 사람의 신체를 건강케 한다.

그리고 제압하는 힘을 지니고 있다.

목소리가 입에서 나올 때

입에서 나오는 목소리 역시 크게 3가지로 구분하여 설명할 수 있다.

사람마다 독특한 목소리의 음색, 즉 말투가 있는데, 어떤 말투는 사람을 편안하고 따뜻하게 만들어주며, 어떤 말투는 신경질적인 분위기를 조성하기도 한다. 또 지루한 시간을 보내기도 한다.

그렇다면, 당신의 목소리는 어디에 해당되는가?

(1) 날카로운 목소리

: 말의 어미가 위로 올라간 소리이다. 이는 화가 난 사람의 말, 신경질적인 말, 진심이 아닌 말, 매사에 퉁퉁거리는 사람의 말이다.

(2) 일자로 말하는 밋밋하고 단조로운 목소리

: 이 소리는 말이 굉장이 지루하게 들린다. 그래서 긴 연설이나 대화는 내용에 관계없이 졸리고 집중할 수가 없다.

(3) 동그란 목소리

: 일단 편안하다. 겸손하고 따뜻함을 제공해 준다. 그 이유는, 말의 어미가 아래로 향하기 때문이다. 이는 부메랑의 원리로서 말이 나갔다가 다시 자신에게 돌아온다. 이는 매사에 자신감이 있는 당당한 사람의 말이다. 부드러운 소통의 소리이다.

이처럼 3가지의 목소리가 있다. 사람의 입에서 나오는 억양에 따라 이처럼 3가지 결과를 만들어 낸다. 그런데 목소리의 결과는 너무도 크고 다른 결과를 얻게 한다.

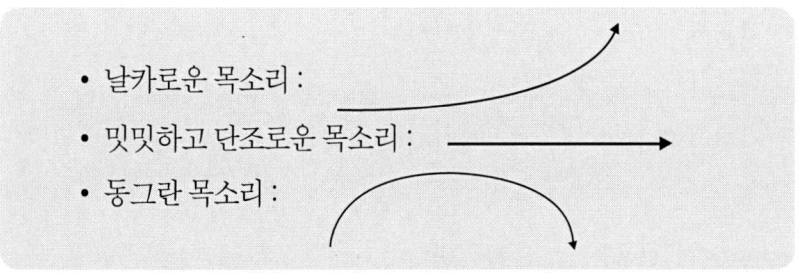

동그란 목소리 훈련하기

자 편안하고 신뢰감을 주는 동그란 목소리를 내는 실제 훈련을 해 보자. 하루 10분 꾸준히 훈련하면 사람의 마음을 사로잡는 스피치를 가지게 될 것이다. 동그란 목소리는 부드러운 소통을 만들어 낸다. 그리고 가장 좋은 목소리는 동그란 모양을 그리며 나오는 소리이다. 자신감과 겸손하게 들리기 때문이다. 그리고 동그랗게 나아가는 목소리는 부드럽게 만드는 힘을 가지고 있다.

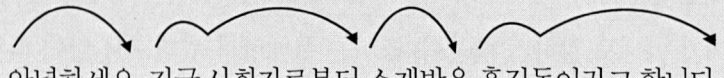

안녕하세요, 지금 사회자로부터 소개받은 홍길동이라고 합니다.

저는 현재 한국주식회사 기획부에서 광고디자인을 맡고 있는

정병태입니다.

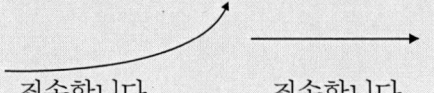

죄송합니다.　　죄송합니다.　　죄송합니다.

감사합니다.　　감사합니다.　　감사합니다.

환영합니다.　　환영합니다.　　환영합니다.

동그란 목소리의 흐름도

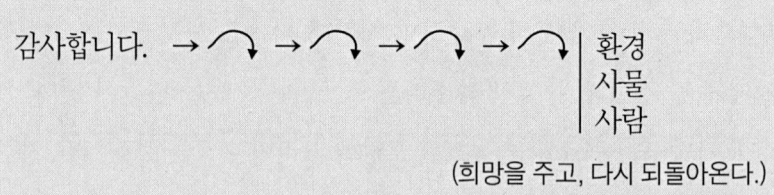

목소리 실제 훈련하기

[1] 먼저, 조용히 눈을 감고 앉아서 복식호흡으로 호흡을 하기 위한 자세를 바로 한다. 목소리와 자세는 밀접한 관계를 갖고 있다. 그리고 뱃속에서 목소리를 내기 위해서는 복식호흡으로 연습해야 한다.
- 항상 등은 곧게 세운다.
- 가슴을 펴고 손은 몸 옆쪽으로 똑바로 내린다.
- 턱은 당기고 몸의 힘을 뺀다.
- 이 상태에서 코로 천천히 뱃속이 가득 찰 때까지 숨을 들이마신다.
- 그 상태에서 3초 정도 숨을 멈추었다가 이번에는 천천히 내쉬며 뱃속의 공기를 전부 내 보낸다.

이 복식호흡을 매일 같이 꾸준히 하다보면 목소리에 힘이 붙고 발음도 또렷해진다.

[2] 아~, 에~, 오~, 우~, 이~ 기본 음을 가지고 발성과 발음을 강화시키는 훈련을 한다. 짧게, 길게는 20초 이상 끌어준다. 반복적으로 훈련을 한다.
- 천천히 배에 힘을 주면서 "아~"소리를 낸다.
- 차츰 배에 힘을 주면서 크고 강하게 소리를 낸다.

[3] 처음에는 약하게, 나중에는 높고 강하게 소리를 낸다.
- 비행기가 이륙하듯이…

- 힘을 주어 소리를 더 끌어 올려준다.

[4] 이제 말의 어미(말끝)을 동그랗게 해 주는 훈련을 한다.

보통 예쁜 말, 고운 말, 바른 말 그리고 공손한 말, 따뜻한 말의 어미가 동그란 모양을 그린다. 반면에 퉁퉁거리고 화가 나 있는 사람의 말의 어미가 항상 위로 올라가 있다.

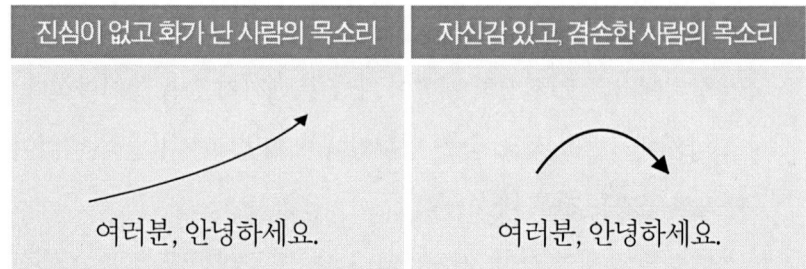

리듬 스피치 훈련하기

목소리가 일자 톤으로 나오면 그리고 밋밋하고 단조로운 소리로는 어떤 감동이나 영향력도 줄 수 없다. 마치 노래 부르듯 리듬감을 넣어서 말을 해야 한다.

그래서 말을 잘 하는 사람들의 공통점을 보면, 리듬감을 주어 말한다는 것이다. 마치 똑똑 튀는, 밝고 경쾌한 리듬감 말이다. 템포가 있다. 그러나 기어들어가는 목소리 또는 단조로운 톤으로는 리듬을 탈 수가 없다.

다음의 내용을 리듬감을 주어 읽어 보자.

> 안녕하세요.
> 오늘 발표를 맡은 홍길동입니다.
> 지금부터 발표를 시작하도록 하겠습니다.
>
> 우리의 인체는 조화롭게 연주하는 오케스트라의 거대한 집합체입니다.
> 각각의 세포그룹들은 오케스트라이고 세포 하나하나는 악기라 할 수 있습니다.
> 하나의 세포그룹이 건강한 상태에 있을 때, 자신의 악보를 올바르게 연주할 것입니다.
> 그러나 그것이 병에 걸렸다면 연주가 잘못 될 것입니다.
> 그 잘못 된 것을 바로 잡는 것이 음악과 소리치유입니다.

 말에, 발표할 글에 리듬감을 심어 넣어서 이야기를 한다. 마치 노래 부르듯이 리듬을 넣어 말한다.
 단어와 단어 사이를 끊어주고, 쪼개서 읽는다. 그러면 더욱 잘 들린다. 그리고 강세와 동그랗게 말을 한다. 악센트를 주어 말한다.
 당연히 중요한 단어는 악센트를 주어 읽어야 한다. 그래야 말이 명확하게 들린다.
 특히 말을 끌어주는 힘을 가지고 있어야 한다. 마치 말이 높은 산을

넘어서 다시 평지로 올 수 있도록 말이다.

리듬 스피치는 사람들을 깨우며 신나게 하며 끌어당기는 힘을 가지고 있다. 흥이 되는 목소리 스피치이다.

실전훈련 소리 발성 훈련하기

1단계 훈련
: 천천히 배에 힘을 주면서 "우~~"소리를 내보자.
처음에는 천천히 가볍게 소리를 내다가 입 모양을 크게 벌리고 힘을 주면서 크고 강하게 소리를 내 보자. 마치 비행기가 활주로에서 서서히 이륙하듯이 처음에는 약하게, 나중에는 높고 강하게 소리를 내는 것이다.

2단계 훈련
: 크고 강한 소리를 낸 후 숨을 들이쉬고 난 후 높은 굴뚝에서 연기가 나오는 것처럼 수평으로 소리를 굴려주는 것이다. 그리고 힘을 주어 소리를 조금 더 끌어올리는 것이다.

3단계 훈련
: 높이 올라간 소리가 하늘에서 뚝 하고 떨어져 깊은 바다 속으로 내려가듯이 서서히 소리와 배에 힘을 줄이고 천천히 내려주면서 굴려주는 것이다.

4단계 훈련
: 내려온 소리를 평탄한 시골길을 가듯 몇 번 굴려주다가 갑자기 큰나무에 부딪히듯이 "우~~"음을 끊어주는 것이다.

03 실전 스피치 원칙과 목소리 기법의 도전
대강사, 대웅변가, 대연설가 따라잡기

백만불짜리 대(大) 연설가의 비밀

내가 당신을 위대한 대 연설가로 바꾸어주겠다! 스피치는 사람과 세상을 그리고 환경을 바꾸고 작용시키는, 움직이게 하는 가장 위력적인 수단이다. 그렇다면 연설 스피치는 무엇인가? 그 정의를 보면 이렇다. 특정한 문제에 대한 사고방식이라든지, 견해라든지, 자기의 생각이나 느낌을 상대방의 마음에 불러일으키거나 불어넣는 능력을 말하는 것이다.

첫째, 백만불짜리 대(大) 연설가의 비밀은, 개성적인 스피치를 하라.
그런데 그 연설은 우리의 개성에 의하여 강력하게 작용된다는 것이다. 그러므로 당신의 다르다는 개성은 최고의 스피치 수단인 것이다. 다른 사람과 다른 커뮤니케이션의 수단을 가지고 있다면 그것이 대(大) 연설가가 되는 최고의 지름길이다. 강점이 되는 것이다.
지금 남들과 다른 당신의 커뮤니케이션 개성은 무엇인가?
분명 사람들과 다르고 차이가 있음을 가지고 있는가?
그 개성을 발견하고 개발하여 향상시키면 당신은 백만불짜리 대 연설가가 될 것이다. 사람들 앞에서 능숙 능란하게 말을 잘 한다는 것은 혹 선천적으로 언변력이 뛰어난 사람이 있을 수도 있지만, 그것은 매우 극소수이다. 재차 강조하지만, 좋은 목소리를 가진 연설가는 훈련과 연습, 지독한 반복을 통해 습득된 기술이라는 사실이다. 이것이 첫 번째 공공연한 비밀이다. 이를 통해 나만의 독특한 목소리 스피치가 개발되는 것이다. 지독하게 연습과 훈련을 하다보면 나만의 개성적인 스피치를 얻게 된다.

두 번째 공공연한 비밀은, 지껄이는 스피치를 하지 말라.
 말을 하는 자기도 믿지 못하는 것을 말하거나 혹은 잘 알지 못하는 것을 가지고 연설을 한다. 즉 자기의 분야가 아닌 남의 것을 가지고 전달을 한다. 이 메시지는 절대로 사람들에게 감동을 주지 못한다.
 말하는 사람이 먼저 감동을 받아야 그 감동이 청중에게도 전달이 되는 것이다. 그러므로 스피커(화자)가 잘 알고 있는 것만을 입에 담아야 한다. 연구한 것, 준비한 것, 경험한 것, 깊이 알고 있는 것 말이다.
 그렇지 않으면, 지껄이는 스피치가 될 수 있다. 말한다는 것과 지껄인다는 것은 크게 다른 것이다. 지껄이는 스피치는 아무리 많은 이야기를 전했다할지라도 아무것도 이야기하지 않은 것과 같은 것이다. 어떤 영향력을 주지 못한 메시지를 말한다.
 스피치시 주의사항으로는, 나의 나쁜 언어습관을 발견하는 것은 매우 중요하다. 그래서 신속히 고치고 바로잡아야 한다. 자기가 경험한 일화는 청중에게 확실하게 해 주는 방법이기도하다. 그러나 지나치게 박식을 자랑하는 자리가 되어서는 안 된다. 꼭 필요한 말만 해야 한다. 이것은 청중을 따분하게 하는 제1의 요소이기 때문이다.

세 번째 비밀은, 자연스러운 스피치를 하라.

부자연스러운 설교조로 말을 하면 안 된다. 또 장례 때에 행하는 조사처럼 너무 무거운 스피치는 피하라. 이것은 다시 말해서 너무 형식적인 것을 말하는 것이다.

최고의 스피치는 자연스러움에 있다. 편안하고 부드러운 소통 말이다. 단순히 자연스러운 화법. 매우 편안하고 매끄러운 스피치, 그러면서 진지함과 열의가 있는 목소리 말이다. 스피치에 맞는 자연스러움을 지니고 있는 것은 기교적으로 배워 익힌 것으로도 잘 안 되는 것이다. 지속적인 연습을 통해 사람들에게 편안함을 주는 자연스러운 스피치를 하게 된다. 이것이 또 하나의 공공연한 비밀이다.

확인학습 언행일치[言行一致]의 스피치

- 언행일치의 말은 죽인다. 팔린다. 그리고 먹힌다. 한 마디로 언행일치의 스피치는 영향력이 있다. 말을 하는 사람과 그 말하는 말이 완전히 내면적으로나, 행동적으로 일치해야 한다는 것을 잊지 말라.

- 위에서 백만불짜리 대 웅변, 대 연설가의 비밀을 터득하였다. 아래에 대(大) 연설가가 되기 위해서 반드시 갖추어야 할 공공연한 비밀 3가지를 나열하라. 그리고 말해 보라.

① _____
② _____
③ _____

- '마치 ~ 처럼'은 말을 잘하는 원리 중 하나이다.
다음의 밑줄에 해당되는 말을 넣어라.

> 마치 ___처럼 행동하라!
> 마치 ___처럼 말하라!
> 마치 ___처럼 웅변하라!

간단 간략 명료한 실행 개요서 작성 스피치

스피치는 작성된 원고대로 표현된다.
 중요 내용의 요점만 간추려서 잘 논리적으로 메모 된 원고는 스피치의 훈련에 있어 매우 중하다. 실제 스피치에서 균형 잡힌 스피치를 하는데 큰 도움을 준다.
 모든 결과는 입력된 대로 출력된다. 즉 입력의 결과라는 말이다. 엉망으로 작성된 연설 커뮤니케이션은 엉망이 된 스피치 결과를 낳는다. 어설픈 연설 커뮤니케이션은 그대로 어설픈 결과를 만들어 낸다. 그대로 입력된 것이 결과를 나오는 것이 모든 스피치의 원리이다. 그래서 말하는 전달 커뮤니케이션(전달법)도 중요하지만, 더 중요한 것은 무엇을 커뮤니케이션 할 것인가를 결정하는 작성법도 매우 중요하다.
 준비된 연설 커뮤니케이션은 청중들에게 정보를 주고 설득하며 확신과 즐거움을 제공하고 성공하도록 기회를 제공한다. 그러기 위해서는 치밀하게 계획을 세워서 철저하고 꼼꼼한 준비를 해야 한다.

◀ 간단명료하게 요약하라 ▶

초고	개요서	암기과정	전달
			[결과]

잘 작성된 원고 –> 메모(중요 개요서) –> 기억, 소화과정 –> · 무원고,
· 약간의존

　값어치 있는 스피치, 그리고 비싼 연설 커뮤니케이션은, 사람들의 **마음을 사로잡는 대화**는, 간단하게 요약함으로써 자기의 부가적인 생각과 아이디어를 첨가하는 것이다. 이는 곧 충격적인 효과로 작용한다. 그 감동을 체험해보라. 그리고 결론은 반드시 새로운 진리나 원리 또는 내용을 꺼내는 것이 아니라 이미 요약되고 암기된 중요 메시지를 마지막에 다시 한 번 전하는 것이다. 당연 요약 암기된 자연스러운 무원고이어야 한다.

　어쨌거나 모든 연설 커뮤니케이션은 3단계 화법으로, 어떻게 준비했든, 대상이 누구든 모든 스피치의 보편적인 연설의 순서는 세 부분으로 나누어지는 것이 좋다. 그리고 그 과정이 반복될 수 있다.

　첫째는, 도입부 즉 행사의 오프닝이 있듯이 그에 해당되는 오프닝 부분이다. 여는 부분이 있어야 한다.
　이 작업은 사람들의 집중을 모으고, 출발을 가볍게 함으로 다음 메시지에 대한 기대감을 주는 것이다. 다양한 기법들이 있으나 약간의 유머나 위트로 시작한다. 특히 현대인들은 유머나 편안하게, 그들의 관심의

정보를 나누는 것으로 시도할 때 더욱 관심을 갖는다. 물론 주제나 장소에 맞지 않으시는 유머는 빼버려도 좋다.

두 번째, 연설의 목적, 메시지 전달의 의도를 확실히 하고 분명하게 제시하는 것이다.

만약, 격려자리라면 격려자답게,

취임연설자리라면 새롭게 취임하는 자답게,

축하자리라면 축하하는 자답게,

인사자리면 인사자리답게

그리고 강의자리라면 명강사답게 말이다.

그 연설의 목적과 메시지 전달에 전력투구해야 한다. 그런데 이와 같은 방향을 선명하게 제공하는 것이 바로 원고작성이다.

세 번째, 내용이 실질적이어야 한다.

스피치의 내용이 실질적으로 도움이 되어야 한다.실용적이고 흥미를 유발할 수 있고, 적용능력이 좋으며, 활용 가치가 많아야 한다. 그리고 재미있게 하는 것이 좋다. 듣고 싶은 분위기를 고조시켜야 한다. 배우는 관객을 끌어들이기 위해서, 온 몸을 사용해서 공연하고 연기한다. 명스피커(말하는 자)도 말하는 순간 그와 마찬가지이다. 나는 이것을 123 커뮤니케이션의 법칙이라고 칭한다.

《 123 커뮤니케이션 법칙 》

1단계 = 도입부, 가볍게 시도하려는 노력이다.
2단계 = 제시하려는 주제는 무엇인가?
3단계 = 사람들이 듣고 싶은 분위기를 만들어라.

망치로 내려치는듯한 강력하고 짧은 문장, 단순한 구조

연장 중 끌을 가지고 큰 바위도 망치로 내려치다보면 쪼개지는 것을 볼 수 있다. 이처럼 스피치도 망치로 내려치는듯한 강력하고 짧은 문장과 단순한 구조의 말로 메지지를 전달해야 한다. 짧고 새총처럼 날아가는 문장을 가져라. 짧고 단순한 문장이 뒤따라오도록 하라. 그리고 거기에 리듬을 주면 최고의 스피치가 되는 것이다.

한 스피치 발표자의 원고 사례를 보자.

> 저의 동료 가족 여러분,
> 저는 오늘저녁 [주제, 박수, 웃음, 긍정의 마인드]를 말하기 위해 여러분 앞에 섰습니다.

> 저는 끔찍했던 지난달을 측량하고, 즐거운 유산을 상기시키기 위해 여러분 앞에 다시 섰습니다.

저는 사실 홍길동 원장님을 소개하기 위해 이 자리에 섰습니다.

이 자리는 이미 홍길동 님을 대단히 잘 아는 사람들로 가득 차 있습니다.

어떤 위험과 재난도 그를 당황하게 만들 수 없었습니다.

어떤 위기 앞에서도 그는 전혀 위축되지 않았습니다.

어떤 문제 앞에서도 그는 좌절하지 않았습니다.

'홍길동' 원장님을 모시겠습니다.

강약고저의 목소리 스피치

멋지고 좋은 목소리 스피치, 사람들의 마음을 사로잡고, 감동을 주는 커뮤니케이션을 하기 위해서는 창조적인 메시지를 전달하는 방법을 익히고 배워야 한다. 우선적으로는 당신이 말하고 싶은 분명한 주제를 가지고 있어야 한다. 이는 전하고 싶은 것을 상당히 상세하게 기록하는 첫 번째 작업이 필요하다는 것이다.

그리고 대략적인 개요를 짠다. 평소에 당신이 강조하고 싶은 요점들, 청중들에게 전달하고 싶은 인상들, 주요 원리들, 주제에 맞는 유머나 예화 등을 적는다. 이는 메모된 것을 가지고 메시지를 전달한다는 것이다.

메모는 자필로 작성하고, 전달할 내용에 다양한 자기만의 표시를 해 두어야 한다.(밑줄을 긋고, 주석을 달고, 색칠을 하며, 표시를 붙인다.) 분명 말더듬거림을 고쳐줄 것이다. 유창한 언변가가 될 것이다.

또 한 가지는 반드시 대화체(구어체), 이야기체로 말하는 것이다. 마치 친한 친구와 말하듯이 말이다. 마지막으로 덧붙인다면 청중의 관심을 끌도록 하라. 그리고 쉽게 이해할 수 있는 단어나 어휘를 사용하라. 가능한 의미를 분명하게 할 수 있는 단어를 사용하라. 친숙하고 생활 중에서 익숙한 단어 사용이 매우 중요하다. 이는 평소 연습이 필요하다.

무엇보다도 중요한 것은 **나의 목소리에 강약고저의 능력이 있어야 한다.** 목소리를 높일 필요가 있거나 혹은 목소리를 낮춰야 할 것이 있다면 적절이 소리를 강약고저로 조절할 수 있어야 한다. 그리고 인용할 만한 참신한 구절을 활용하라. 이는 청중의 귀를 사로잡는 비결 중 하나이기 때문이다. 그러나 처음부터 인용문을 사용하지 말고, 메시지 중간에 넣는 것이 좋다. 시작은 소박한 나의 경험으로 시작하는 것이 좋다.

주의할 것으로는, 스피치에서 너무 많은 것을 소개하려고 하지 말라. 어쨌든 청중들이 들어 남는 그것은 매우 극히 일부분이기 때문에, 한두 가지 주요 요점을 집중적으로 전달하는 능력이 더 중요하다.

생생한 제스처

나만의 생생한 제스처를 만들어야 한다. 제스처를 하는 데는 몇 가지 법칙이 있다. 제스처는 목소리의 변화에 큰 영향을 준다. 또한 목소리에 힘을 실어주기 때문에 스피치에 적절한 제스처를 취해야 된다.

첫째, 크고 분명해야 한다.
「산 제스처」와「죽은 제스처」란 말이 있다. 다이내믹한 제스처야말로 「산 제스처」이다. 연사의 주장과 신념을 청중에게 더욱 강조하는 것이 제스처라면 제스처는 생동감 있고 활기가 넘쳐야한다. 물론 융통성은 있어야한다. 과일을 깎을 때는 과도를, 나무를 쪼갤 때는 도끼를 사용하지 않는가? 청중의 수나 장소의 규모에 따라 같은 제스처라도 크기가 달라야할 것이다.

둘째, 동작(제스처)이 말보다 0.5초 정도 빨라야 한다.
제스처를 말보다 늦게 하면 어색하기 때문이다. 개그맨들의 제스처를 관찰해보면 말과 제스처가 시간적으로 맞지 않아 우습게 보이는 경우가 많다.

셋째, 제스처는 내용과 일치시키는 것이 포인트이다.
말의 내용과 제스처의 의미가 서로 달라서는 안 된다는 것이다. 예를 들어, "말씀드리겠습니다. 알려드립니다. 제안합니다. 호소합니다. 발표합니다." 라고 할 때는 손을 펴서 앞으로 내밀어야 맞고, "약속합시다. 단결합시다. 각오합시다. 촉구합니다." 라는 말을 할 때는 주먹을 쥔 상태로 표현해야 한다. 그 외에 제스처와 시선이 하나 되도록 하고, 반복되는 제스처는 피하는 게 좋다. 적절하고 자연스러운 제스처는 말하는 사람의 정열과 자신감을 드러내 준다. 청중의 주의를 끌고 시각적인 발표가 되게 해준다. 내용을 강조 또는 보조하여 박력을 살려주기도 하고 청중의 이해를 쉬우면서도 완전하게 해준다.

모든 제스처는 기본자세에서 제스처를 사용하려는 「준비 단계」와 표현의 목적을 달성한 「완성 단계」, 그리고 본래의 기본자세로 되돌아가는 「복귀 단계」, 이렇게 3단계로 구분한다.

이것을 무시한 제스처는 자연스럽고 보기 좋은 제스처가 될 수 없다.

확인학습 그럼에도 불구하고 당신은 위대한 연설가

과거의 나	현재의 나	미래의 나
떨림 불안증 천성적으로 말주변이 없음 사람들 앞에 서 본 경험 부족 자신감 결여 열등감에 사로잡혀 있음 수줍어함이 많음	그럼에도 불구하고	위대한 대 웅변가
말 더듬가	----->	의지, 훈련, 연습, 반복

실전연습 제스처 개발 트레이닝 하기

마구 마구, 자유자재 제스처로 표현하는 훈련을 가져야 한다.
그래서 내 몸에 가장 알맞은 그리고 편한 나만의 제스처를 발견하고 개발해야만 된다.
훈련을 할 때는 아무 말이나 마구 마구 하면서 제스처를 해 보는 것이다. 열정적으로 3분 제스처로 말을 해 본다.
거울을 보면서 수시로 손을 움직이면서 스피치를 해본다.

04 실제, 취임연설 및 주례사 실전 훈련하기
유창한 격려사, 축사, 인사말, 연설 스피치 훈련하기

이것이 실제적인 연설을 잘하는 기술이다.

발표전, 연설 훈련시 먼저 큰 소리로 "나는 잘 할 수 있다"를 10번 이상 외친다.

"나도 명강사 될 수 있다" "말을 잘하면 성공한다." 마음으로 다짐하고 나아간다.

다음은 1987년 6월 29일 노태우 당시 민정당 대통령 후보의 스피치로 설득 목적과 정보 제공 목적을 동시에 가지고 있다. 이 스피치는 좋은 내용, 간명한 표현기법, 체계적인 조직 등 선언적 스피치가 갖추어야 할 조건을 모두 충족시키는 좋은 스피치이다.

> 친애하는 국민 여러분!
> 저는 이제 우리 나라의 장래 문제에 대해 굳은 신념을 가지게 되었습니다.
> 국민들 사이에 쌓여진 뿌리 깊은 갈등과 반목이 국가적인 위기로 나타난 이 시대적 상황에서 정치적인 진정한 사명에 대해 깊은 사색과 숱한 번뇌를 하여 왔습니다.
> 또한 언론계, 경제계, 종교계, 근로자, 청년, 학생 등 각계로부터 지혜를 구하고 국민의 뜻을 확인하였습니다.
>
> 오늘 저는 각계 각층이 서로 사랑하고 화합하여 이 나라의 국민임을 자랑스럽게 여기며, 정부 역시 국민들로부터 용기와 진정한 힘을 얻을 수 있는 위대한 조국을 건설하기 위해 비장한 각오로 역사와 국민 앞

VOICE

에 서게 되었습니다.

첫째,
둘째,
셋째,
~
이 나라는 우리 모두의 나라입니다.
조상과 선열의 뜨거운 피로 세워지고 다져진 이 나라를 땀과 자세와 지혜로 훌륭히 가꾸어 후대에게 자랑스럽게 물려줄 수 있도록 하는 것은 우리의 시대적 책무입니다.

국민 여러분!
그리고 당원 동지 여러분과 야당 정치인 여러분!
저의 충정이 받아들여져 오늘의 난국이 극복되고, 모든 국민 개개인이 "안정되고 행복한 생활"을 할 수 있는 위대한 나라를 열어가는 전환점이 되기를 간절히 기원합니다.

유창한 격려사를 위해서는 내용면에서도 매우 가치가 있어야 한다. 내용이 좋으면 왠지 자신감이 생기고, 힘 있고 박력 있게 말하고 싶다. 즉 내용이 좋으면 자신감이 나온다. 여유를 가지게 된다. 그러므로 내용에 충실할 수 있기를 바란다. 내용이 빈약하지 않고 자신감을 주는 충실한 내용을 만들려면, 선행적으로 다음의 요소를 갖추어야 한다.

하나, 청중에 대한 분석하기

우선적으로, 청중의 기대와 속성을 정확하게 파악해야 한다.

즉 청중의 필요사항을 준비하는 것이다. 모인 청중에 맞는 스피치를 위해 청중을 상세히 분석해야 한다. 무엇보다도 청중이 무엇을 필요로 하는지, 기대하는지를 파악해야 한다.

둘, 분명한 핵심주제

두 번째로는 그 스피치에서 말하고자 하는 내용을 간결한 문장으로 표현하는 것이다. 바로 이것이 스피치를 하는 목적이 되는 셈이다. 왜 스피치를 하는지 말이다. 스피치의 준비는 핵심 주제를 개발하는 것에서 출발하는 것이다. 핵심주제를 만들어라. 분명하고 선명한 핵심 주제가 그날의 스피치를 결정 짓는다.

셋, 핵심주제를 뒷받침할 주요 아이디어 개발

스피치의 주제와 목적이 결정되었다면, 이제 스피치의 뼈대를 구성하는 주요 아이디어를 개발해야 한다. 핵심주제를 든든하게 바쳐줄 주요 아이디어, 즉 대지(골격)를 갖추어야 좋은 스피치가 된다.

연설자가 전할 내용을 가장 많이 알아야 하고, 지식을 가지고 있어야 한다. 모든 내용을 완전히 소화할 뿐만 아니라 숙지를 해야 한다. 그리고 충분히 실전처럼 연습을 해야 한다.

큰 소리로 내면서 자신감에 찬 스피치를 해야 한다. 철저한 준비를 통해 여유 있는 스피치를 할 수 있다.

필히 연설 시간을 지켜야 한다. 취임연설 강연 격려사 주례사 등의 훈련시 주의 사항으로는 문장을 하나의 문자로 보지 말고 문장 전체를 하나의 한 문장으로 보는 이미지화, 즉 찍어서 읽는 능력을 갖추어야 한다. 그리고 마치 실전처럼 해보는 것이 매우 중요하다. 먼저 충분히 내용을 읽고 소화하여 연습을 해 본다. 다음의 발표 스피치 훈련을 통해서 더욱 좋은 결과를 얻게 될 것이다.

실전, 좋은 원고를 만드는 작업

좋은 스피치를 하기 위해서는, 힘 있는 연설을 구성하기 위해서는 스피치의 원고를 만드는 것을 꾸준히 스스로 갖추어야 할 준비 가운데 중요한 요소이다. 아주 실질적인 스피치 원고를 만드는 작업을 해야 한다. 좋은 원고를 만들기 위해서는 먼저 다음의 내용 구조를 갖추고 있어야 한다. 원고의 흐름인 서론, 본론, 결론으로 구성되어야 한다.

서론, 본론, 결론의 구조

서론: 듣는 사람의 흥미와 기대를 유발시키기 위한 성격을 갖고 있다. 도입부라고도 말을 한다. 가장 강력하게 효과적으로 듣는 사람에게 어필해야 하는 부분이다.

서론에 들어갈 수 있는 내용으로는
- 재미있는 일화나 유머
- 청중의 기대감, 호기심, 상상력을 불러일으킬 만한 이야기나 사건
- 스피커의 전문적인 이야기

- 역사적인 사건이나 이야기
- 유명인사의 말이나 내용을 인용
- 집중할 수 있는 질문
- 정치, 연예, 스포츠, 문화 등의 소식
- 건강, 돈, 성, 성공 등의 지식과 정보 제공
- 진심으로 감사하고 칭찬하기

본론: 본론이란 말하는 화자가 말하고 싶은 내용을 말하는 것이다.
논지를 갖춘 본론이어야 한다. 본론 부분에서는 다양한 화법 등을 적용하여 설명할 수 있다.
알찬 내용과 통계, 정보 등이다.

결론: 스피치에서 듣는 사람이 오래 기억이 남는 것이 결론 부분이므로 결론의 중요성 아무리 강조해도 지나치지 않다. 끝이 좋아야 모든 게 좋다. 결론은 청중이 가장 오랫동안 기억한다.
결론 방법을 다음과 같이 활용하면 좋을 것이다.

- 메시지의 반복
- 긍정적인 이야기로 마무리
- 의문형으로 청중을 참여시킴.
- 주요 논점을 짧게 요약함
- 스피치의 내용대로 행동하도록 동기를 부여함

실전, 원고 만들기 기술 노트

원고를 만들기 위해서는 그 상황과 청중의 분석이 먼저 이루어져야 한다. 내용은 서론, 본론, 결론의 부분으로 구성한다. 그런데 먼저 본론을 개발하고 준비하는 것이 좋다. 결론을 잘 만들면 서론과 결론은 자동적으로 구성이 된다. 이는 원고의 내용, 즉 알맹이가 중요하다는 것이다.

각 부분이 차지하는 양을 나타내면, 서론 10%, 본론 85%, 결론 5%이다. 본론은 건물을 세울 때 뼈대가 되는 기둥을 만들어 골격을 갖추는 것이다. 이것을 주요 아이디어라고 말한다. 핵심적인 요점이며 내용이 항목이다.

본론의 골격, 대항목은 4-5개 미만, 3개가 가장 적합하다. 그리고 골격을 갖추면 그 다음에 세부 내용에 살을 붙이는 과정이 필요하다.

시간의 흐름에 따라 작성하면 좋다.

: 원고 만드는 기술 :

- 2000년 회사를 설립했고, 2003년에는 매출액 100억을 달성했고, 2005년에 코스닥에 상장시켰습니다.
- 초기, 중기, 말기 하는 식으로 연대를 구역화하여 순서대로 정렬한다.
- 1단계, 2단계, 3단계, 등의 단계에 맞추어 순차적으로 배열한다.
- A지역, B지역, C지역으로 순차적으로 배열한다.
- 원인과 결과 순으로 전개한다. "이유는 왜냐하면,…."
- 문제 제기에서 문제 해결로 마무리한다.
- "저는 OOO에 대해 두 가지를 말씀드리려고 합니다. 첫째,…둘째,…."

<서론의 중요성>

스피치에서 서론에 해당되는 시작은 매우 중요하다.

시작에서 청중의 주의를 모아야 한다. 호감과 기대를 결정짓는 매우 중요한 도입부이다. 어쩌면 가장 중요한 부분이다.

서론에 들어가는 요소로는 다음과 같다.

　(1) 인사와 자기소개 "여러분, 안녕하세요"
　(2) 서두로 귀빈 인사와 격려, 축하의 말, 칭찬, 감사의 말
　(3) 주제의 소개
　(4) 오늘 스피치에 대한 기대(전문성, 효과)

예1) "존경하는 정병태 회장님, 그리고 이 자리를 축하하기 위해서 모이신 귀빈, 그리고 회원 여러분!"

예2) "오늘 사장님과 여러분의 밝은 얼굴 표정을 보니, 아무리 경제가 어려워도 이 회사의 장래가 탄탄하리라고 생각됩니다. 아니 크게 번창할 것입니다."

: 서론 작성의 기술 :

- 격식을 갖춘 인사말을 할 때는, 가장 저명한 인물이나 연장자부터 시작한다. 그리고 주요인사와 단체 등의 순서로 인사를 한다.
- 많은 사람들이 참여했을 경우는 귀빈으로 처리한다.
- 반드시 시작은 감사와 칭찬, 격려 등의 말을 전하는 것이 좋다.
- 호칭은 친근하게 호칭하는 것이 좋다.
  "여러분…, 우리…, 존경하는…, 사랑하는…."

<결론의 중요성>

결론은 새로운 이야기를 전개하는 것이 아니다. 좋은 스피치는 모두 강렬한 결론을 가지고 있다. 명확한 결론을 짓는다.

결론은 오늘 스피치의 핵심을 청중의 뇌리에 오래도록 남기는데 있다. 중요한 아이디어로 핵심을 심어주는 것이다. 결론의 다음과 같은 요소를 갖고 있다.

① 종료신호 : "이제 결론을 내리고자 합니다."

② 요점 재강조 : 주요 내용을 한 번 더 요약 정리한다.

③ 결언 : 전체적으로 끝은 맺는 간결하면서 인상적이어야 한다.
"여러분! 우리 모두가 잘 될 것이라는 믿음을 확신합니다."
"여러분! 저는 무슨 일이 있더라도 이 문제 해결에 앞장을 서겠습니다. 아무리 힘들어도 말입니다."

④ 마지막 인사 : " 저의 강의를 들어주셔서 대단히 감사합니다."
" 저의 공약을 반드시 몸소 실천함으로 여러분 앞에 다시 서겠습니다."

파워 팁   표정관리와 시선처리 능력

다음의 능력은 사람들을 집중시키는 파워가 있다.

실제 스피치에서 가장 중요한 것은 표정과 시선처리 능력이다. 청중들은 말하는 사람(스피커)의 몸 중에서 주로 얼굴을 본다. 다소 부족한 것이 있더라도 강렬한 시선처리와 풍부한 표정관리로 사람들의 마음을 사로잡을 수 있다.

표정상태 점검하기

번호	표정	상태	체크
1	굳은 얼굴표정	긴장해 있다는 것이다.	☐
2	벌개진 얼굴	불안에 떨고 있다.	☐
3	찡그린 얼굴	매우 초조해 하고 있다.	☐
4	환한 미소를 띤 얼굴	여유가 있다.	☐

또한 청중의 얼굴을 정면으로 응시한다는 것은 그리 쉬운 것이 아니다. 훈련을 통해 청중을 골고루 응시하되, 천천히 하는 것이 좋다. 너무 빠른 속도로 고개를 이쪽저쪽으로 돌리는 것은 산만하다는 인상을 준다. 발표시 시선에 대한 적절한 분배는 간과해서는 안될 사항이다.

청중을 끌어들이는 기법

말하는 화자와 청중 사이에 강한 화합과 일치가 이루는데 도움이 되는 다양한 노력을 해야 한다. 청중의 관심과 흥미를 집중시킬 수 있는 기법을 만들어야 한다. 스피치 내용에 그 단체나 지방의 독특한 특징을 실어 강조한다. 그러면 청중은 스피치에 귀를 기울일 수밖에 없다.

> 지금부터 여러분들에게 단 월급만으로 3년에 1억을 저축하는 비법을 가르쳐 드리겠습니다.

> 여러분은 지금까지 내가 만난 사람들 중에서 가장 총명하고 스마트하고 예리한 청중입니다.

> 이 자리에 서게 된 것이 무척 기쁩니다.
> 왜냐하면, 저는 여러분 한 사람 한 사람 모두를 사랑하니까요.

> 환영해 주셔서 무척 감사합니다.
> ~

> 나는 여기 오게 된 것을 진심으로 자랑스럽게 생각합니다.
> ~

> 1990년의 어느 날, 문득 눈을 떠보니 나는 병원 침대에 누워 있었습니다. ~

인사말

안녕하세요. 말보다 행동을 최고의 목표로 살아가는 사람, 신세대의 선두주자 홍길동입니다.

만찬회 석상

오늘 저녁은 저에게 여러 가지 의미에서 즐겁고 뜻 깊은 밤입니다.
첫째는, 이 자리에 내가 가장 존경하는 홍길동 사장님이 참석하신 일입니다.
둘째는, 건설 사업에 전력하고 계신 홍길동 사장님이 이 자리에 동석할 수 있다는 것은 저의 진정한 기쁨입니다.

협회에서 연설

오늘 아침 협회 여러분들에게 이야기할 기회를 주신 데 대해서 대단히 감사를 드립니다.

소개 스피치

여러분 잠깐 귀를 기울여 주십시오.
오늘의 연설 제목은 "스피치를 잘하면 성공한다"입니다.
정말 말을 잘하면 출세하는가?
우리들이 초청한 연사는 이 질문의 해답을 명쾌하게 대답을 줄 정병태 교수님을 소개합니다.
서울사회복지대학원대학교 커뮤니케이션과 주임교수이시고,
헨더슨크리스천대학교 실천주임교수인 동시에,
서울 커뮤니케이션 교육대학원의 원장직을 겸임하고 계십니다.
저술가이기도 합니다. 이 분야의 명품 교수이십니다.

논리적인 구조를 만들기

주제 + 화제 모든 스피치는 주제, 화제로 구성되어 있다. 이야기를 논리적으로 구성하면 얼마든지 좋은 스피치를 할 수 있다. 여기서의 주제는 가장 말하고 싶은 내용이다. 그리고 화제는 주제를 납득시키는 화젯거리이다. 예로 신문기사가 제목과 기사로 구성되어 있듯이 스피치의 이야기도 주제와 화제로 구성되면 된다.

시작부분 논리적인 / 감정적인 논증

처음 10초, 시작을 계획한다. 시작 부분은 청중들이 강연을 앞으로 열심히 경청하게 될 것인지 아닌지의 여부가 결정되는 매우 중요한 순간이다. 시작, 처음에 목숨을 걸라. 왜냐하면 당신의 이야기를 들을 것인지 말 것인지를 결정짓는 기준이 되기 때문이다.

> 첫인상으로 좋은 이미지를 심어준다. 인사를 한다.
> 시원스러운 목소리로 또박또박 이야기한다.
> 첫마디는 감사, 칭찬, 격려, 지지의 말을 한다.

• 전문가 인용	• 예를 들어,	• 참조	• 관심정보
• 생생한 소식	• 통계	• 비교	• 경험
• 연구 결과들	• 이야기	• 시연	• 농담, 유머
• 날씨	• 사건	• 시나 노래	• 특기

> 인사와 자기소개는 중요하지만 짤막하게 한다.
> 격식을 갖춘 인사나 소개는 중간에 적절히 할 수도 있다.

◀ 취임연설 첫머리의 문구 견본 ▶

> 참으로 과분한, 분에 넘치는 신뢰에 의하여,(휴지)
> (서울사회복지대학원의 주임교수) 지위에 초빙 받은 사실에,
> 아직도 그 놀라움에 깨어나지 못하고 있습니다.
> 조심조심 살펴보아도,
> 어떠한 관점에서 보아도 나의 분수에 지나칩니다.

결말을 계획하기

시작하기 전에 미리 끝을 계획하도록 한다. 그래야 성공적으로 끝을 맺을 수 있다. 위대한 결말을 사전에 준비하는 것이다.

- 재차 행사의 주최 측과 청중에게 감사한다.
- 작별인사를 한다.
- 마지막으로 중요한 것을 재차 강조하고 전한다.

실전 ─ 논리적인 이야기 구성

제목: 핵심 메시지에서 제목을 뽑아낸다.

제목은 청중이 호기심을 가질 수 있는 제목을 선택해야 한다.

예) 제목

너무나도 기막힌 풍선	100세까지 장수법
암에 걸리지 않는 비법	
복권 당첨 전략	

주제: 이야기하고자 하는 핵심적 내용을 짧은 문장으로 요약한다.

화제: 주제를 뒷받침해 줄 구체적인 예나 에피소드, 인용, 사건, 정보 등

결말: 주제를 다시 한번 강조함으로써 이야기를 깔끔하게 마무리한다.

◀ 스피치의 흐름도 ▶

① 첫마디 → ② 자기소개 → ③ 도입부 →

④ 서론 → ⑤ 본론 → ⑥ 결론 → ⑦ 끝인사

실전훈련 '존 F.케네디'의 취임사로 연설해 보기

우리는 오늘 한 정당의 승리를 축하하는 행사를 치르는 게 아니라, 자유를 축하하고 있습니다.
우리가 결정한 방향이 성공하게 될지, 아니면 실패로 끝나게 될지의 결정은, 제 손에 있지 않고 여러분의 손에, 국민 여러분의 손에 있습니다.

우리는 오늘 정당의 승리가 아닌 자유의 축전을 거행하는 것입니다. 시작뿐만 아니라 끝을 상징하면서, 변화뿐만 아니라 쇄신을 의미하면서, 제가 바로 여러분들과 전능하신 하나님 앞에 1세기 반 전에 우리 선조들이 행한 서약을 같이 하고 있기 때문입니다.

세계는 지금 달라졌습니다.
왜냐하면 죽을 수 밖에 없는 인간들이 그들의 손에 모든 형태의 인간 궁핍을 없앨 수 있는 그리고 모든 형태의 인간 생명을 없앨 수 있는 힘을 가지고 있기 때문입니다. 그리고 여전히 우리 조상들이 싸워온 같은 혁신적인 믿음이 지구상에서 논쟁거리로 남아 있습니다.
인간의 권리가 국가가 베풀어 준 은혜로부터 오는 것이 아니라 하나님의 손으로부터 오는 것이라는 그 믿음.

우리는 우리가 첫 번째 혁명(1776년 7월 4일 미 합중국의 독립을 선언한 미국 혁명운동을 말함)의 상속자들이라는 사실을 잊어서는 안됩니다.
이 말, 즉 횃불이 새로운 미국의 세대에게 넘겨졌다고 적들이든 아군이던 이 시간과 장소로부터 전해지도록 합시다.
우리는 20세기에 태어나 전쟁에 의해 단련되었고 힘겹고 쓰라린 평화에 의해 훈련된, 조상 유산에 대해 자부심을 갖고 있는 미국인입니다. 그리고 우리는 이 나라가 항상 책임져 오고 그리고 우리가 책임을 오늘 우리의 집 미국과 그리고 세계에서 지어야 하는 그러한 인간의 권리가 무너지는 것을 그저 지켜만 보거나 허락하지 않을 것입니다.

모든 나라가 알도록 합시다.
그들이 우리가 잘되거나 혹은 못되기를 원하든지 간에, 우리는 어떤 대가를 치를 것이고, 무거운 짐을 지을 것이고, 어떤 고통이라도 겪을 것이고, 어느 우호 나라든 도와주며, 적들에게는 대항하여 자유의 생존과 성공을 확실히 보존할 것입니다.

실전훈련   요약된 연설문 해보기

여러분! 저는 건설업에 종사하는 여러분들에게,
우리 경제의 질을 높이기 위해 고안 된 계획을 발표하겠습니다.
그리하여 건설업의 미래가 보다 안전하고 건강하며,
보다 의미 있고 보다 번영할 수 있을 것입니다.
제가 오늘 여러분들에게 제시할 이 계획은, 4가지 목표를 달성할 것입니다.
하나, 이것은 한국 건설업의 생산성을 향상시킬 것입니다.
둘, 이것은 공장, 비즈니스, 기업이 일자리를 증가시키는 유인책이 될 것입니다.
~
그리고 여기, 그 일을 해내기 위한 계획이 있습니다.
오늘 저녁 저의 이야기를 듣고 있는 모든 분들의 도움이 필요한 계획입니다.

실전훈련   신축과 관련한 축하 연설 해보기

사랑하는 여러분,
나는 이 서울커뮤니케이션교육대학원 건물의 장래에 있어서의 발전을 축하하며 건배를 제언 드리고 싶습니다.

본 대학원 건물의 발전을 축하한다고 말씀드리는 것은 본 건물과 관계있는 모든 제반 사항의 발전을 축하한다는 뜻이라고 나는 생각하는 것입니다.

평소 가까이에서 보고 싶었던 여러분,

나는 본 대학원 건물의 건설에 대해서는 물론 만강(滿腔)의 기쁨을 표명하는 사람입니다.

왜냐하면, 과거의 건축물들도 훌륭한 건축의 작품이 다수이겠습니다만, 이 건물은 신의 창조물 가운데 하나이기 때문에, 나는 예술이라고 표현하고 싶습니다.

이 건물이 얼마나 많은 사람들의 정성과 수고와 땀으로 만든 건축물임에 대해서는 여러분에게 이의가 없을 것으로 생각하는 바입니다.

~

오늘은 즐거운 날입니다.

그러면 여러분, 모두 한 소리에 맞추어 "수하셨습니다." "대단합니다." "고맙습니다." 외치기를 바랍니다.

저를 따라해 주시기 바랍니다.

"수하셨습니다."

"대단합니다."

"고맙습니다."

감사합니다. 여러분을 진심으로 사랑합니다.

실전훈련 김구 선생의 연설 해보기

친애하는 동포 여러분!

나는 오늘 성대한 환영을 받음에 무엇보다도 먼저 우리 임시정부를 대표해서 오랫동안 왜적 통치하에서 갖은 고난을 당하여 온 국내 동포 형제에게 진심으로 친절한 위문을 드리는 바입니다.

나와 및 우리 임지정부 요인 일동은 이 자리에서 동포들의 이와 같은 열렬한 환영을 받을 때에 과연 형언할 수 없는 감격이 있고 흥분이 있습니다.

수십 년간 해외에서 유리(遊離) 전패(顚沛)하던 우리로서 그립던 고국의 땅을 밟게 되고, 사랑하는 동포들 품 안에 안기게 된 것은 참으로 무상한 영광입니다.

~

나는 확신하여 의심치 않습니다.

유구한 문화와 역사를 가진 우수한 우리 민족은 이 시기에 있어서 반드시 단결될 것입니다.

그러므로 나 및 정부 도인들은 보다 더 많이 자신과 용기를 가지고 전 민족 각 계급, 각 당파의 철과 같은 단결을 완성하기 위하여 분투할 생각입니다.

~

이것으로써 나의 답사는 그칩니다.

실전훈련　기초단체장 후보 연설문 만들어 해보기

　사랑하며 존경하는 의왕시 00읍 주민 여러분! 그리고 불철주야 (不撤晝夜) 수고하시며 현명하신 00지역발전협회 여러분!
　21세기의 꿈과 희망이 넘치는 풍요로운 지역을 만들어 보겠다는 열정으로 이번 00시 00단체장에 출마한 기호 1번 홍길동 인사 올리겠습니다.
　저는 의왕시 00읍에서 살아가고 있는 사람으로서 군대 제대 후에 구청에 투신, 인접한 3동 사무소에서 10여 년을 근무하다 뜻한 바 있어 명예 퇴직하였습니다.
　이러한 경력이 말해주듯이, 기호 1번 홍길동은 구청에서 잔뼈가 굵은 사람입니다. 구청에 근무하면서 세심하고 꼼꼼한 성격과 치밀한 일처리로 실무능력 만큼은 누구보다 인정받았다고 생각합니다.
　~
　존경하는 조합원 여러분!
　아직도 우리 의왕시에는 해야 할 일들이 많이 남아 있습니다. 이번 선거에서 저, 홍길동이가 단체장으로 당선되면 저는 지난 10년 동안의 구청의 활동 경험을 토대로 다음과 같은 일을 하겠습니다.
　첫째,
　둘째,
　셋째,

친애하는 회원 여러분!
여러분의 작은 목소리에 귀기울이는 기호 1번 홍길동이 되겠습니다. 여러분, 도와주십시오.
감사합니다.

실전훈련 후보 경선 연설문 해보기

존경하는 서울 시민 여러분, 안녕하십니까?
서울 지역 발전협의회 회장을 20년 동안 이끌어 온 의왕 구청장 후보, 기호 1번 홍길동입니다.
존경하는 유권자 여러분!
지금 우리 구는 주민을 보살피고, 주민을 모시면서 일하는 신실한 구청장이 필요합니다. 주민의 혈세를 소중하게 생각하고, 구 예산을 가지고 최고의 생산적 가치를 창출해 낼 살림꾼 청장이 필요합니다.

실전훈련 3분 실제 훈련하기

시간은 3분이다. 즉흥적으로 스피치를 한다. 그리고 주제 자유롭게 선정하여 3분 동안 논리적인 구조에 맞추어 연설을 해보자.

> 저의 옛 상관이셨던 정병태 회장님은 위대한 한 가문의 업적을 묘사하고 싶을 때면, 한 지방의 소박한 언어를 즐겨 사용했습니다. 그분은 특히 이순신 장군의 가문을 따스한 시선으로 말씀하고는 하셨습니다.
> (잠시휴지)
> "성공한 장군에게는 특별한 것이 있다."고 말입니다.
> 이순신 장군은 이 나라가 오래도록 부강한 민족이 되는데 이바지한 한 사람입니다. ~

실용 결혼 주례사 만들어 발표하기

앞으로 한 번쯤 결혼 주례사나 축사를 하게 될 것이다. 또한 사람들 앞에 서게 될 때, 멋진 스피치를 전하고 싶다면 다음의 결혼 주례사 내용을 읽고 발표하는 훈련을 하라.

급성장된 나의 자신감과 스피치를 보게 될 것이다.

이 결혼 주례사는 실제 활용될 수 있도록 만들어졌다.

(3단계 화법, 주제+화제+주제로 구성하여 만들기)
주제: 이야기하고자 하는 핵심적 내용을 짧은 문장으로 요약한다.
화제: 주제를 뒷받침해 줄 구체적인 예나 에피소드, 경험 등을 말한다.
주제: 주제를 다시 한 번 강조함으로써 이야기를 깔끔하게 마무리한다.

<일반적인 결혼 주례사>

　희망찬 ○○년 새해를 맞이하여 ○○○ 군과 ○○○ 양의 결혼식을 갖게 된 오늘, 두 사람의 앞날을 축복하듯 날씨마저 더없이 청명하고 이 식장도 기쁨으로 충만하였습니다.

　이와 같은 축복은 신랑 신부가 평소 착한 마음씨를 가졌던 때문이 아닌가 생각됩니다.
　먼저 이 경사를 맞이한 양가의 부모에 대해 축하를 드리며,
　또한 이 경사를 축하하기 위해 참석해 주신 여러 하객 여러분들께 양가를 대표해서 감사의 인사를 드립니다.

　성실하고 능력 있는 ○○○ 군과 총명하고 침착한 ○○○ 양이 양가 부모와 친지들의 축복 속에 새 가정을 이루게 된 것은 오직 하나님의 뜻으로 선택된 천명의 배필이라 아니할 수 없습니다.
　이러한 축복 속에 새로운 가정을 이루게 된 신랑 신부에게 은사로서 또한 사회를 먼저 경험한 선배로서 몇 가지 말씀을 드리고자 합니다.

　첫째로, 신랑 신부는 오늘의 기쁨이 있기까지 양가 부모님은 두말 할 나위도 없고,
　가족과 친지 그리고 은사와 친구 동료 등 많은 분들의 크나큰 보살핌이 있었다는 것을 잊지 말고 평생토록 가슴에 간직하기를 바랍니다.

　왜 이런 말씀을 드리느냐 하면,
　인간은 사회라는 공동체의 일원으로 살아가기 때문에 태어나서 죽을 때까지 주위 사람들의 도움 없이는 살아갈 수가 없기 때문입니다.

이것은 인생에 있어서 가장 기본적인 것이며 또한 가장 축복스러운 일이기도 합니다.
그런 의미에서 두 사람이 살아오면서 직·간접적으로~.

◀ 도입부의 예 ▶

오늘 같이 햇살 좋은날, 5월의 따스한 햇살도 신랑 OOO 군과 신부 OOO 양의 결혼식을 축하하는 것 같습니다.
신랑 OOO 군과 신부 OOO 양은 오늘 이 자리에서 양가 부모님과 하객 여러분의 축복을 받으며 혼인서약을 하고 주례자가 성혼선언을 함으로써 이제 완전한 부부가 되었습니다.

◀ 마무리 예 ▶

신랑이 청첩장에 고백한 "서로의 여러 가지 차이에도 불구하고 또, 알 수 없는 불안한 미래에도 불구하고 여자가 아깝다는 수군거림에도 불구하고 그럼에도 불구하고 그녀가 저의 아내가 되려 합니다."라고 했듯이 서로의 선택이 절대 후회가 되지 않토록 보란 듯 예쁘게 사는 두 사람이 되어 존경받는 남편, 사랑받는 아내로서 행복한 가정을 만드시길 바랍니다.
새로 태어나는 한 쌍의 부부와 양가 부모님 또, 일가친지 모든 분께 이 경사스러운 결혼을 진심으로 축하드리며 세상에서 가장 행복한 가정을 만드는 정병태, 박제언 부부가 되시길 간절히 바랍니다.
감사합니다.

실전훈련 | 주례사 완성하기

아래의 결혼 주례사를 완성하되 3단계 화법을 통해서 완성하여 발표해 본다. 신부의 사례를 잘 작성하여 완성된 주례사를 글로 완전하게 만들어 보라. 그리고 여러 차례 주례사를 해 보도록 하라.

◀ 주제 1 ▶

> 신랑 정병태군과 신부 박제언양의 결혼을 진심으로 축하합니다.
> 저는 오늘 신랑 정병태군이 아주 마음이 따뜻한 청년이라는 것을 여러분께 말씀드리고자 합니다.

◀ 화제 1 ▶

> 저와 정병태군의 아버지는 한 기업의 입사동기입니다.
> 평소부터 아주 가깝게 지내왔습니다.
> 어느 날 저녁의 일입니다. 그날은 토요일이라 그런지 대단히 거리가 혼잡했고, 사람들로 발 디딜 틈이 없었습니다. 그런데 그때 정병태군이 인파 속에서 휠체어를 탄 한 아주머니를 보게 되었습니다.
> 정병태군이 다가가 휠체어를 뒤에서 밀어서 건물 앞 엘리베이터 로비 1층까지 모셔다 드리는 것을 목격하였습니다.
> 사실 요즘 젊은 사람들이 어르신들이나 장애우분들에게 관심을 갖거나 양보하는 것을 쉽게 보기 힘든 일입니다.
> 정병태군은 자신도 바쁜데 어려움에 처해 있는 것을 보고 그냥 지나칠 수 없어 용기를 내서 목적지의 건물 입구까지 안내해 드렸던 것입니다.

◀ 주제 1 결론 ▶

이처럼 신랑은 마음이 무척 따뜻한 청년입니다.

이제부터 박제언 양과 새로운 가정을 꾸려 나가게 될 텐데, 신부 박제언 양에게도 지금 이상으로 애정과 배려를 쏟으리라고 생각합니다.

두 사람의 앞날에 오래도록 행복이 가득하기를 기원합니다.

<주제2>

<화제2>

<주제2 결론>

실제, 主禮辭(주례사)

이 내용은 5기 임광택 원우(교수/회장)님이 실전에서 활용하던 주례사를 조금 변경하여 훈련 과정으로 사용하였다.

만물이 생동하는 좋은 계절에 신랑 홍길동 군과 신부 김미숙 양의 결혼식을 축하 해 주시기 위해 참석하신 하객 여러분께,
먼저 양가 부모님을 대신하여 감사하다는 인사 말씀을 올립니다.

인생 경험이 부족한 제가 이 자리에 서게 된 것은,
신랑 신부와 스키연합회에서 오랫동안 활동을 하며 가깝게 지내는 사이로 제가 회장으로 있는 모임에 두 사람이 열심히 활동을 하던 중 어느 날 갑자기 저에게 주례를 부탁하여 큰 고민을 하였습니다.

주례 경험도 처음이라 걱정을 하다가 지난 2월 용평에서 1박2일의 스키캠프에 두 사람이 참가하여 재차 부탁을 하고 또한 우리 회원들이 요즈음은 주례를 직장에서 젊은 사장들이나 동호회 선배들도 많이 보는 추세이기 때문에 괜찮다는 말과 또한 두 사람과의 각별한 인연으로 이 자리에 서게 되었습니다. 처음이라 미숙하지만 하객 여러분께서 너그러운 마음으로 양지해 주시면 감사하겠습니다.

이제 두 사람은 지구촌 65억 인구 중에서 인생의 동반자로 선택되었으며 가족 친지와 많은 하객의 축하 속에 남편과 아내, 며느리와 사위라는 법률적인 지위를 결혼서약을 통하여 얻게 되었으므로 지금부터 새로운 삶을 시작하는 신랑 신부에게 축하의 마음을 전하려 합니다.

신랑 홍 길동군은 홍 진만씨의 가문에서 차남으로 태어나 부모님의 철저한 가정 교육으로 성실하게 성장하여 현재 서울의 최고 요지인 강남에서 사업을 하며 많은 재산을 축척하였고 앞으로도 장래가 촉망되는 훌륭한 신랑감입니다.

또한 신부 강 미숙 양은 박 길동씨 가문에서 장녀로 태어나 대학을 졸업하고 의류사업을 하다 현재 결혼준비를 하고 있는 용모단정하고 마음씨가 정말 고우며 예쁜 아름다운 신부입니다.

존경하는 하객 여러분!, 그리고 양가 친지 여러분!
오늘 이 젊은 한 쌍이 만나 성혼이 된 것은 양가의 가문으로나 사회적으로나 큰 기쁨이라고 생각합니다.
옛말에 외국 항해를 위해 떠날 때에는 한번 기도하고, 전쟁에 나갈 때에는 두 번 기도하고, 결혼을 하려거든 세 번 기도하라는 속담이 있습니다.
이 자리에 서 있는 두 사람은 그 이상 여러 번 결혼생활의 행복을 염원하였을 것입니다. 저 역시 두 분의 행복한 결혼을 위하여 진정한 마음으로 오늘 이 자리에서 주례 보다는 인생 선배의 입장에서 세 가지만 간략하게 당부를 드리고 싶습니다.

첫째 : 서로 진실로 사랑하라는 것입니다.
성서에 사랑은 언제나 오래 참고 온유한 것이라 하였습니다. 잠버릇부터 생각까지 서로 다른 사람이 함께 살려면 서로가 배려해 주어야 합니다. 덮어주고 채워주고 서로를 내 몸같이 아껴주면서 사랑의 층계 층계를 한 단계씩 올라 평생을 같이 살며 속마음까지 닮아 가는 이타적이고 아가폐적인 사랑이 되시기 바랍니다.

둘째 : 범사에 감사하라는 것입니다.

감사하는 사람은 비교를 하지 않습니다.

뉘 집 남편은 어떻고, 뉘 집 아내는 어떻다고 비교하는 것은 불만의 시작이 될 뿐 아무런 도움이 되지 않기 때문입니다.

범사에 감사하는 사람은 어려운 일이 생겨도 시련이 와도 더 크고 더 아름다운 열매를 맺게 합니다. 오늘 두 사람은 따스한 손 맞잡고 사랑의 열쇠를 받았으니 힘든 일이 생겨도 서로 힘을 모으고 행복의 문 하나 하나 열어 가시기 바랍니다.

셋째 : 보은하는 생활을 하라는 것입니다.

두 분의 오늘이 있기까지는 부모님과 형제자매 이웃 친지들에게 많은 도움을 받으셨을 겁니다.

그분들의 기대에 어긋나지 않게 앞으로 열심히 결혼생활을 하여 보은을 하며 항상 보람을 찾으시기 바랍니다.

얼마 전 제가 신랑신부와 운동 후에 소주한잔 나누면서 두 사람이 결혼을 결심하게 된 동기를 물어 보았습니다.

두 사람은 공통적으로 가족에 대한 사랑과 부모님에 대한 공경심, 또한 서로가 진정으로 웃음을 나누고 서로가 힘들 때 도와 줄 수 있는 믿음을 갖게 되었다고 하는 말에 정말 멋있는 친구들이라 생각을 하였습니다.

앞으로 이 두 젊은이는 평생의 인생 동반자로서 행복하고 항상 웃음꽃이 피는 가정을 꾸며 나가리라 저는 확신을 하고자 합니다.

셰익스피어는 인생을 연극이라고 했습니다. 사람의 삶이 마치 연극과 같기 때문일 것입니다. 연극을 보면 재미있는 것도 있고 즐거운 것도 있고 때로는 슬픈 것도 있습니다.
　오늘 두 사람은 인생의 반려자로 연극에서처럼 주인공이 되어 아름다운 삶의 인생을 연기해 달라고 마지막으로 당부하고 싶습니다.

　오늘 희망찬 각오로 두 사람이 이 자리에 서서 이제 사랑을 완성하기 위해 새 출발을 시작합니다.

　하객 여러분께서도 오늘 두 사람의 출발을 지켜보는 것으로 끝내지 마시고 두 사람이 행복한 가정을 잘 꾸려 나갈 수 있도록 항상 관심을 가지고 따뜻한 충고와 격려로 이끌어 주시기를 부탁드리겠습니다.

　끝으로 부족한 저의 주례를 경청해 주신데 대하여 깊이 감사드리며,
　두 사람은 첫 만남의 감회를 잊지 마십시오.
　그러면 평생을 두고 여러분을 아름다운 세계로 안내할 겁니다.
　이상으로 주례사를 마치겠습니다. 감사합니다.

2011年 3月 23日 主禮 林 ○ ○

실용학습 결혼식 순서(WEDDING ORDER)

1. 신 랑 입 장
2. 신 부 입 장
3. 신랑 신부 맞절

(신랑 신부 마주보고 서십시요)

오늘 축하를 위해 참석하신 여러분 앞에서 신랑 신부가 서로를 존중하고 사랑하며 행복하게 살겠다는 경건한 마음으로 맞절을 하도록 하겠습니다. 내빈 여러분께서는 힘찬 박수로 축하 해 주시기 바랍니다.

(신랑, 신부 경례)

4. 혼인서약

오늘 신랑, 신부가 혼인을 통하여 새로운 출발을 하게 됩니다.
본 주례가 여러분 앞에서 서약을 받도록 하겠습니다.
신랑, 신부는 큰 소리로 대답하시기 바랍니다.

혼인서약 / 신랑 홍 OO 군과 신부 박 OO 양은 어떠한 경우라도 항시 사랑하고 존중하며 어른을 공경하고 진실한 남편과 아내로서의 도리를 다할 것을 맹세합니까?

(신랑 신부)

5. 성혼 선언문

방금 신랑, 신부가 혼인서약에 큰 소리로 여러분 앞에서 대답을 했습니다. 본 혼인이 원만하게 이루어 젖기에 성혼 선언문을 낭독하겠습니다.

성혼 선언문 / 이제 신랑 홍 OO 군과 신부 박 OO 양은 그 일가 친척과 친지를 모신 자리에서 일생동안 고락을 함께할 부부가 되기를 굳게 맹세 하였습니다. 이에 주례는 이 혼인이 원만하게 이루어진 것을 여러분 앞에 엄숙하게 선언합니다.

서기 2000년 3월 23일 주례 : 임 OO

6. 주례사(별첨)
7. 신랑, 신부

*먼저 신부 측 부모님께 인사

그 동안 곱게 길러서 저에 배필로 선처해 주신 장인 장모님 고맙습니다. 서로 사랑 하면서 행복하게 살겠습니다. 라는 마음으로 신랑은 큰 절을 해주시기 바랍니다.
(신랑 신부 부모님께 인사!)

*다음은 신랑측 부모님

여러 가지로 부족한 점이 많습니다. 친정 부모님과 다름없이 모시면서 아내로서 며느리로서의 도리를 열심히 노력하겠습니다. 많이 귀여워해 주시기 바랍니다.

역시 신랑은 큰 절로 해 주시기 바랍니다.

(신랑 신부 부모님께 인사!)

*내빈께 인사.

이 두 사람이 일일이 찾아뵙고 인사를 드리는 것이 도리 인줄 잘 알고 있습니다만, 우선 이 자리에서 약식으로 인사드리게 됨을 널리 이해 바라시며 그럼 신랑 신부가 인사를 드리면 큰 박수로 격려 해주시면 고맙겠습니다.

신랑 신부 내빈께 인사!

8. 신랑,신부 행진

끝.

실용스피치 훈련① 단체의 취임사 연설 해보기

실용스피치 훈련② 사내교육 강의 해보기

실용스피치 훈련③ 소그룹 모임, 회의 인도해보기

여러분, 안녕하십니까?
저는 영업과의 정병태부장이라고 합니다.
오늘은 고객감동서비스를 어떻게 이룰 수 있는지에 대하여 간단하게 사례 중심으로 말씀을 드리려고 합니다.
~

실용스피치 훈련④　행사 사회 진행해보기

실용스피치 훈련⑤　건배사 훈련하기

건배사도 연습하여 미리 준비하자.

건배사는 함께 하는 자리에서 단합된 분위기를 만드는 좋은 방법이다. 그러나 해 보지 않은 사람은 막상 건배사 제의를 받았을 때 매우 당황하게 된다. 건배사도 연습이 필요하다. 둘이 모인 술자리나 커피를 한잔하면서도 축배를 같이 한다면 좋은 분위기가 형성될 것이다. 건배사는 분위기에 알 맞는 것을 선택하는 것이 좋다.

친구들 간에는,

"우리 친구들 모두의 건강과 행복과 우정을 위하여! 건배! 위하여!"
"우리 동지들의 성공과 행복 그리고 발전을 위하여! 위하여!"
"우리의 좋은 만남과 좋은 추억을 위하여!"
"등산모임의 발전과 회원모두의 건강을 위하여! 위하여!"

"제가 얼시구! 하면 여러분들은 <절시구!>"

"지화자 하면! <좋다!>"

"우리가 남인가! 하면, <아니다!>"

실용스피치 훈련⑥ 학교 입학식 축사 만들어 보기

만물이 활기차게 도약하는 봄입니다.

신입생 여러분, 진심으로 환영합니다. 그리고 바쁘신 가운데 이 자리를 빛내주시기 위해 참석해 주신 내외 귀빈 여러분, 그리고 학부모님들, 감사합니다.

신입생 여러분, 여러분은 새롭게 경험하게 될 이 대학 생활에 대해 거는 기대가 매우 클 것입니다. 앞으로 여러분의 이 교정에서 인생의 가장 중요한 시기를 보내게 됩니다.

이 시기를 어떻게 보내느냐에 따라 여러분의 인생이 달라질 수 있는 것입니다. 여러분이 하려고만 한다면, 우리 학교와 전 교직원들은 항상 아낌없는 지원을 해 드릴 준비가 되어 있습니다.

~

다시 한 번 여러분의 입학을 축하드리며, 하나님의 가호가 여러분과 여러분의 가정에 늘 함께 하시기를 기원합니다.

실전훈련 인사 / 격려 / 축하의 말 작성하기

〈모임: 어느 지역의 발전협의회 정기회의〉
〈주제: 격려의 말〉
〈시간: 3분〉

1. 도입부(서론)

서론에 들어가야 할 도입부 요소들입니다.

> ① 인사, 자기소개
> ② 축하, 격려, 감사의 말
> ③ 내빈 소개 및 치하

(1) 안녕하십니까, 사회자로부터 방금 소개받은 정병태 회장입니다.
　〈인사를 한다〉
(2) 먼저, 이 뜻 깊은 영광의 자리에 초대해 주시고, 축하의 인사를 하게 됨을 큰 기쁨으로 생각합니다.
(3) 특별히 이 자리를 빌어, 영등포 지역발전 협의회 회장님께 고마움을 전합니다. 또한 평소 존경하는 영등포구 구청장님께서, 바쁘신 일정에도 불구하고 이 발전협의회 모임에 참석해 주심을 진심으로 감사드립니다.

2. 본론:

번호 나열법

1. 2. 3. / 가. 나. 다. / Ⅰ Ⅱ Ⅲ / A. B. C.
　1) 2) 3) / 가) 나) 다) / a) b) c)
　　(1) (2) (3)
　　　① ② ③

여러분, 영국의 작가 스마일즈가 말하기를 "성공의 비결은 한결같이 변하지 않는 데 있다."고 하였습니다. 우리 영등포 지역발전 협회는 늘 언제나 한결같이 일치단결하여 오직 지역의 발전을 위해서 애쓰는 모습에 늘 감동을 받습니다. 다시 한 번, 전 회원이 일치단결하여 이 거대한 사명 완수에 총진군 합시다.

제가 최 일선에 서서 나아가겠습니다.

여러분께 이 자리를 빌어서 다시 한 번 감사의 말씀을 드립니다. 지난 한 달 동안 지역 경제 살리기에 매진해 준 여러분들의 행동에 큰 감동을 받았습니다.

다시 한 번 새로운 4월도 일치단결하여 국난을 극복하는 모습을 보여줍시다.

오늘날 경제, 사회적 어려움을 극복하고 이웃과 더불어 함께 잘 사는 사회를 만들어 가는데, 여러분께서 앞장 서 주실 것을 당부 드립니다.
　이제 지역 사회가 안정을 유지한 가운데,
　시민적 슬기와 힘을 모아 나간다면, 오늘의 어려움을 극복하고,
　새로운 도약을 위한 전기를 마련할 것으로 확신합니다.

　아무쪼록 오늘 이 자리를 빛내 주시기 위해 참석해 주신 내빈과 지역 발전을 위해 혼신을 힘을 다해 주신 영등포 발전협의회 여러분의 노고에 깊이 감사드립니다. 그리고 조설일보 홍길동 기자님께 진심으로 감사의 말씀을 전합니다.
　다시 한번 발전위원회 4월 모임에 축하드리며, 왕성한 활동을 기대하겠습니다.

◀ 도입부의 예 ▶

오늘 경기도운영위원회 개최를 진심으로 축하드립니다.
여러분께서는 지역의 안정과 발전을 위해 선도적 역할을 다하고, 계십니다.
이 자리를 빌어 여러분들께 진심으로 감사를 드립니다.

◀ 결론의 예 ▶

봄의 계절 봄처럼 생동감이 넘치고 꽃처럼 아름답게 보내시길 기도드리면서 이만 말씀을 줄입니다.

목소리 트레이닝 지침서

05 박력있는, 당당한 목소리 훈련 지침서

이 지침서는 국내최고의 훈련북이다.

왜냐하면 스스로, 혼자서 훈련 할 수 있도록 만들어져 있다. 스피치를 잘하는 방법은 여러 가지가 있다. 가장 기본적으로 훈련할 수 있는 훈련법들을 소개하도록 하겠다.

먼저 혼자서 거울을 보면서 반복하여 훈련을 해야 한다. 그리고 훌륭한 강연을 녹음하여 반복해 듣고 따라하는 방법, 때로는 전문적인 교육기관을 활용하는 방법이 있지만 시간이 없으시는 분들한테는 현실적으로 그리 간단하지 않을 때가 있다.

효과적이고 세련된 말하기 훈련은 그냥 만들어 지는 것은 아니다.

음의 곡선, 음의 폭, 음의 강도 등의 음량 훈련은 꾸준한 자기만의 노력과 개발에서 얻어지는 것들이다. 그러므로 박력있는 목소리를 갖기를 원한다면 당당하고 우렁찬 굵은 목소리, 청중을 사로잡는 목소리를 원한다면 적극적으로 목소리를 만드는 훈련을 해야 한다.

집에서 간단히 할 수 있는 훈련 방법으로는, 신문이나 책 같은 것을 소리 내어 천천히 읽되, 강의하는 식으로 즉, 문장 끝의 "있다" "없다"로 끝나는 마무리를 구어체로 바꾸어 "있습니다" "없습니다" 로 실제로 청중들과 대화를 하듯이 만들어 나가는 것이다.

그리고 말의 강약과, 어조의 빠르기를 다양하게 구사하며 머리 속에서 읽는 게 아니라 상대방을 설득한다 생각하고 강하고, 부드럽게 읽어 나가야 한다.

그리고 TV나 라디오에서 나오는 아나운서들의 말과 행동, 표정 등을 그대로 따라서 하는 방법이 있다.

제자들 중에는 출퇴근 차안에서 스피치 훈련을 통해 향상된 사례가 많았다. 가장 좋은 훈련법은 일상생활에서 말할 기회가 주어지면 진지하게 마치 실전처럼 해 보는 것이다. 그 대상이 가족이든, 친구든, 거래처 사장이든 그리고 관련 공무원이든 말이다.

계속해서 말하겠지만, 부정확한 발음, 세련되지 못한 어눌한 음량, 음성 등은 단시간에 고쳐지는 것이 절대 아니다. 꾸준한 자기 노력과 일상생활에서 사용 정도를 통해 서서히 고쳐지는 것이다.

여러분들이 끝까지 가져가야 할 것은 포기하지 않는 마음이 가장 중요한 것이다. 반드시 해내고 말 것이다. 강한 다짐과 각오가 필요하다.

성공한 사람들의 집념을 보면, 무슨 일이든 한 번 시작한 일에 미쳐버린다는 특징이 있다. 미쳐라! 미치면 된다! 할 수 있다.

듣기 좋고 기운이 넘치는 건강한 목소리는 신뢰감을 팍팍 준다

여기 목소리 스피치를 통한 트레이닝으로 대인관계에서 상대방을 제압하는 기술이 있다. 빨려오게 하는 능력이 있다. 당당하게 말하는 기술이 있다. 그리고 대인관계에서 수동적인 사람들, 자신감을 점점 더 잃어버리고 있는 사람들, 사람들에게 끌려 다니는 사람들에게, 인생역

전의 비결이 여기 있다.

　나의 말에 힘이 있고, 사람들을 끌어당기고, 내 언어에 빨려 들게 하는 파워 트레이닝 기법, 청중을 한 번에 사로잡는 웅변 기술을 지금부터 훈련으로 배워보자.

　사람들이 싫어하는 목소리로는 친한 친구가 될 수 없으며, 승진이나 출세가 매우 불리하다. 사람들의 공통적인 특징이 좋은 목소리를 지닌 사람들에게 호감을 갖는다는 것이다. 싫어하는 목소리를 가진 사람에게는 신경을 쓰지 않는다고 한다. 그러므로 건강한 목소리는 신뢰감을 팍팍 준다.

파워 팁　사람들이 좋아하는 목소리, 싫어하는 목소리

좋아하는 목소리	싫어하는 목소리
• 밝고 맑으며 미소와 친절이 배어나는 목소리 • 건강하고 힘이 있어 자신감과 확신에 찬 목소리 • 강약고저 등의 표현이 자연스러운 목소리 • 부드러우면서 결단력 있는 목소리 • 밝고 명쾌한 목소리	• 단조롭고 무기력한 목소리 • 퉁명스러운 목소리 • 어두운 목소리 • 사투리나 부정확한 목소리 • 에~, 음~ 따위의 군소리가 많은 목소리 • 너무 빠른 목소리 • 말이 끝에 가서 흐지부지해지는 목소리

"우리는 스피치의 대가(大家)다!"
　발음은 지속적인 연습으로 향상되는 것으로서 각자의 발음장애는

얼마든지 극복될 수 있다. 보통 사람의 가장 큰 문제는 입을 크게 벌리지 않는 것이다. 이제부터 발성과 발음 훈련에 실질적인 도움이 되는 방법들을 살펴보자. 파워 스피치를 잘하기 위해서는 별다른 기술이 없다. 다만 스피치 훈련을 통해서만 그 능력이 개발 될 수 있다.

이를 목소리 스피치라 말한다. 난 사람의 소리를 들으면 그 사람의 건강 상태를 알 수 있다. 이처럼 목소리는 건강과 관련이 있음을 알아야 할 것이다. 수사훈련이란 다시 말해서 발성훈련을 하는 것이다. 내 목소리가 맑고 고운, 그리고 힘찬 발성을 할 수 있게 하기 위한 것이다. 즉 소리의 통로를 확실하게 열어주는 발성 훈련이다.

기본음은 모음의 단계이다.

<아~, 에~, 이~, 오~, 우~">이 모음 발성을 통해서 각 장기의 건강 정도를 쉽게 알 수 있다. 그런데 옛날의 명의들은 사람의 목소리만으로도 그 사람의 병을 알았다고 한다. 그만큼 목소리는 건강의 척도가 된다고 할 수 있다. 우렁차고 힘 있는 소리가 필요하다. 힘 있고 우렁찬 목소리는 곧바로 군중을 제압하는 기운을 만들어 낸다. 환경을 압도하며 내 페이스로 이끌게 해 준다.

자 소리를 질러봐라!

> 아~, 에~, 이~, 오~, 우~
> 야! 신난다!
> 난 할 수 있다!
> 나는 건강하다!
> 분명 난 유창하고 언변력이 뛰어난 말꾼이 될 것이다.

❰ 발성법으로 소리지르기 ❱

여러분! (10음 ~ 100음 까지)
친애하는 여러분!
존경하는 유권자 여러분!
희망과 용기를 잃지 않는 여러분!

❰ 발성연습 ❱ '아' 소리를 짧게, 길게 소리 내기 훈련

짧게 : '아' – 10음, 30음, 50음, 70음, 90음
길게 : '아' – 10음, 30음, 50음, 70음, 90음
응용 : 존경하는 의왕시 주민 여러분!

그 사람의 소리를 들으면 스피치의 능력이 어떤지를 파악할 수 있다. 소리는 우리 몸의 현재의 상태, 즉 건강상태, 스피치의 능력, 그리고 자신감 등을 표현해주는 중요한 역할을 하기 때문이다. 그래서 모든 스피치의 대가(大家)들은 이 세 가지, 첫째 건강상태, 둘째 스피치의 능력, 그리고 자신감을 갖추고 있다는 것이다.

기본적인 음성이나 발성은 어느 정도는 타고난 것이지만, 얼마든지 훈련과 연습을 통해 부드럽고 듣기 좋으며 기운이 넘치는 건강한 목소리, 자신감이 넘치며 당당한 소리로 얼마든지 바꿀 수 있다.

후천적 노력으로 변화될 수 있음을 말하는 것이다.

사람이 소리를 내는 기능은, 목과 가슴과 배가 활용된다.

그래서 일반 대화는 30-40의 크기로서 목에서 나오는 소리이다.

조금 큰 소리를 지를 때는 가슴에서 나온다. 그리고 아주 크고 높은 음을 낼 때는 배에서 나오는 소리를 활용한다. 그리고 내가 마음껏 자유롭고 자유자재로 소리를 내려면 목, 가슴, 배의 기운(기:氣)을 자유자재로 쓸 수 있어야 한다.

그렇다면 어떻게 좋은 목소리를 유지할 수 있을까?

좋은 목소리를 보존하기 위해서 필히 술과 담배를 줄이는 것이 좋으며, 필요 이상으로 말을 많이 하지 않는 것이 좋다. 그리고 적당한 휴식이 필요하다. 또한 목에 좋다는 유자차나 모과차 등을 마신다. 따뜻한 물도 좋다고 한다. 그리고 스피치의 절반 이상은 음성표현에 달려 있다고 해도 과언이 아니다. 그러므로 자신만의 좋은 스피치(색깔)를 개발하기 위해서는 좋은 음성표현을 할 수 있어야 한다. 그 음성은 크게 음량, 음폭, 음질, 음색으로 구분할 수 있다.

- **음량** – 목소리가 얼마나 크냐, 작으냐를 말한다.
- **음폭** – 목소리가 굵으냐, 가느냐를 말한다.
- **음질** – 목소리가 맑으냐, 탁하냐를 말하는 것으로 보통 여자의 음질은 맑고, 남자의 음질은 여자보다 탁하다.
- **음색** – 음색이란 다른 사람과 구별되는 목소리 톤이다.

자신만의 타고난, 독특한 목소리를 갖고 있는가?

'명 연설자는 만들어지는 것이다.' 라는 사실을 잊지 말라, 스피치의 달인은 후천적인 노력에 의해 자신의 목소리를 갖는 것이다. 필자 역시 20대 초반까지만 해도 소심한 성격과 발표불안으로 죽고 싶을 정도였다. 그러나 피나는 훈련과 노력의 결과로 지금은 스피치 교수가 되었다. 스스로 나의 음량, 음폭, 음질, 음색 그리고 적절한 발성과 음조, 리듬, 템포 등을 갖추고 있는지 점검해 보자. 그리고 10음에서 100음까지, 저음에서 고음까지 발성을 내는 훈련을 하도록 하자.

```
10음 = "나도 명강사 될 수 있다"      60음 = "나도 명강사 될 수 있다"
20음 = "나도 명강사 될 수 있다"      70음 = "나도 명강사 될 수 있다"
30음 = "나도 명강사 될 수 있다"      80음 = "나도 명강사 될 수 있다"
40음 = "나도 명강사 될 수 있다"      90음 = "나도 명강사 될 수 있다"
50음 = "나도 명강사 될 수 있다"     100음 = "나도 명강사 될 수 있다"
```

목소리 트레이닝 기법

말을 많이 하는 사람들을 보면 소리를 내는 훈련법을 배우지 않고 강의를 하다 보니, 성대결절로 고생을 많이 한다. 그리고 목소리의 생명을 잃는 경우도 많다. 그래서 필자는 "소리 지르기 훈련법"과 "호흡기법"을 개발하였다. 얼마든지 목을 쓰지 않고 발성기관을 울려서 부드럽고 편안한 소리가 나오며, 마음껏 자유자재로 소리를 낼 수 있는 목소리 트레이닝 기법을 가르치고 있다.

목소리 트레이닝이 주는 이점으로는,
- 내면의 자신감을 갖게 되어 불안증 떨림증을 극복하게 된다.
- 폭넓은 대인관계를 갖게 된다.
- 그리고 복식호흡의 기법으로 호흡하게 된다.
- 탁하고 약한 몸을 맑고 강하게 한다.
- 무엇보다도 5장 6부를 강하게 해 준다. 그래서 몸 안의 모든 나쁜 기운을 정화시켜 준다.
- 더 나아가 심폐기관을 건강케 해 준다.
- 마음이 시원하고 탁 트이게 만들어 준다.
- 마지막으로 우울함과 눌림, 무기력증이 사라진다.

결국은 자신감을 갖게됨으로 당당한 목소리 스피치를 구사하게 되는 것이다.

다음의 결과들은 많은 시간을 통해 얻은 것들이다.

배에 힘을 주고 호흡하면 자신감이 생기고 외부의 영향을 적게 받게 되고 사람을 두려워하지 않게 된다.

발성훈련에서 첫 번째 훈련 지침은 소리를 지르는 것이다.

이 훈련을 통해서 나의 심폐기관을 젊게 하고, 뇌를 건강하게 해 줄 뿐만 아니라, 일상생활 속에서 흔하게 쌓이는 우울, 분노, 불안, 걱정, 의기소침 그리고 답답함, 스트레스 등을 사라지게 해 주는 역할을 한다. 치유해 준다는 것이다.

다시 말해서 평소에 발성훈련을 통해 적당히 소리를 질러두면, 그만큼 몸과 마음이 건강해져서 질병에 대해 최상의 면역체계를 구축해 준다는 말이다. 강한 면연력을 갖게 된다는 것이기도 한다.

훈련방법으로는, 큰 소리 지르기와 작은 소리 지르기가 있다.

그 효과는 다양하고 큰 변화를 준다. 소리 지르기 훈련은 탁하고 약한 목을 맑고 강하게 만들어준다. 막히고 맺힌 가슴과 마음을 시원하고 탁 트이게 만들어준다. 그리고 약한 배의 힘을 강하게 바꾸어준다. 그러므로 자신의 몸 안에 있는 에너지가 걸림이 없이 활용되고 몸의 건강한 움직임이 되도록 해주게 될 것이다. 무엇보다도 나의 스트레스를 해소해 주는 유익한 방법임을 잊지 말라.

닫혀진 뇌를 다시 열리게 하는 소리 훈련

뇌도 운동을 한다. 어떻게 뇌가 운동을 하는지 아는가?

긍정의 생각, 명상, 희망, 꿈, 행복한 대화, 웃음, 좋은 글 읽기, 생각하는 놀이 그리고 소리를 내는 것이다. 혹시 당신의 뇌가 굳어 있다면 뇌 연령은 66세. 그러나 두뇌를 열리게 하는 운동으로 얼마든지 당신을 젊은 뇌 연령으로 돌려놓을 수 있다.

우리의 140억 개의 뇌 세포를 다 쓰려면 234세라는 긴 수명이 필요하다고 한다. 그래서 괴테가 그리고 그 똑똑하다는 아인슈타인이 약 10% 뇌만 쓰고 죽었다고 연구가들은 말하고 있다.

최근에 두뇌를 연구하는 연구가들의 조사에 의하면 보통 사람들은 뇌의 기능 중 10%도 사용하지 못하고 죽는다고 말하고 있다.

그런데 일본 도후쿠대의 교수 "가와시마 류타" 의학박사는 세계적

으로 유명한 뇌 학자이며 두뇌 개발 연구로 저명한 세계적인 학자입니다. 두뇌개발 방법으로 초등학교 산수 문제를 매일 풀면 나이든 사람에게 좋다는 이론을 밝혀냈다. 또한 매일 신문을 소리 내어 읽으면 뇌가 좋아진다는 것이다.

눈으로 읽는 것은 오히려 눈만 약하게 할 뿐이다.

한마디로 소리 내서 읽는 이 단순한 행동이 사람의 두뇌를 일깨우고 조용히 닫혀 진 창의력이 다시 열리는 간단한 행동이라는 사실이다.

소리 내서 읽는 것이 얼마나 좋은지 그 효과를 보면 아래와 같다.

- 치매를 예방하고, 좋은 건강을 유지케 한다.
- 자신감을 생기고 말을 유창하게 하게 된다.
- 내성적인 사람이 말주변이 뛰어난 당당한 사람으로 변한다.
- 창의력, 상상력과 호기심, 기억력 등의 다시 열리게 된다.

소리 내어 읽기 위한 자세와 준비는 아래와 같다.

먼저 눈에 힘을 강하게 주고 읽는다. 눈을 부릅뜨고 강하게 해야 한다. 눈의 힘이 약한 사람은 소리도 약하며 항상 힘이 없이 말하는 것이 보통이다. 그리고 온 몸을 긴장시키고 힘을 주라. 몸의 긴장은 글을 읽는데 중요한 준비이다.

마지막으로 글을 읽을 때 배에 힘을 주고 배가 뽀록 나오는 것이 아니라 단전으로 배꼽 아래에 힘을 주고 큰 소리로 읽으라. 마치 웅변을 하는 것처럼, 연극의 대사를 읊는 것처럼, 약간 과장스럽게, 감정을 넣어서 큰 소리로 읽는 것이다. 주먹을 불끈 쥐고 사자가 포효하는 것처럼 읽어보라. 마음이 뜨거워질 것이다.

목소리 스피치 실전 트레이닝

다음의 실전 훈련을 반드시 훈련기간을 일일 10분씩 21일 이상의 기간을 해야만 효과를 볼 수 있다.

사람들 앞에 나와서, 또는 개인적으로는 거울 앞에 서서 큰 소리 지르기 훈련을 한다. 몸에 자연치유가 일어난다. 불안과 떨림증, 나약한 마음, 어지러움, 우울함 등이 곧바로 치유된다. 자신감을 얻는 것은 물론이고 아랫배에 힘을 주게 되므로 복식호흡을 하게 된다.

1) 큰 소리 지르기 훈련하기

외치는 것, 선포하는 것, 큰 소리로 말하는 것, 소리 지르기는 매우 좋은 훈련 방법이다. 문구는 다양하게 만들어 활용할 수 있다. 아래의 문구를 가지고 자유롭게 큰 소리로 외친다. 활용 문장을 하루에 10번씩 외치는 훈련을 한다.

야호~	화이팅!
나는 할 수 있다.	난 잘 할 수 있어.
나도 명강사 될 수 있다.	힘내~
내 꿈은 반드시 이루어진다.	난 프로야!

> 나는 건강하다.
> 난 행복하다.
> 난 말을 잘 할 수 있다.
> 내가 주인공이다.
>
> 된다, 가능하다.
> 말을 잘하면 성공한다.
> 하나님은 언제나 내편이다.
> 떨림증 극복할 수 있다.

더 발전하여 다양한 훈련을 할 수 있다.

다음의 훈련법을 통해 더욱 향상된 나의 말주변을 발견하게 될 것이다. 특히 자신감을 얻게 된다. 그 외에도 다양한 훈련 방법으로 말주변과 자신감을 향상 시킬 수 있다.

- 당당하게 자기소개 하기
- 좋은 문장 말하기
- 소리 내어 글 읽기
- 나의 꿈, 비전 말하기
- 나를 자랑하기
- 노래 부르기
- 신문 사설 말하기
- 시 읽기
- 연설해보기(3분)
- 세미나 인도하기
- 사회자 진행 연습하기
- 발음 발성 기초훈련하기
- 신문 기사 읽기
- 3분 스피치 훈련

2) 자동차 소리 시동으로 훈련하기

마치 자동차나 오토바이 운전시 1단, 2단, 3단, 4단으로 바꾸어가며 힘을 주듯이 우리의 소리로 목의 소리, 가슴의 소리, 배의 소리의 단계로 들어가야 한다.

비행기가 활주로에서 서서히 이륙하듯이 처음에는 약하게, 나중에는 높고 강하게 소리를 내는 것이다.

실전훈련 자동차 시동의 소리/ 비행기가 이륙하는 소리

1단, 윙~~~(보통)
2단, 윙~~~(조금 강하게)
3단, 윙~~~(아주 강하게)

1단계의 소리 = 목의 소리, 목이 맑고 강해야 한다.
훈련) 아, 에, 이, 오, 우

2단계의 소리 = 가슴의 소리, 심장과 폐의 기능이 좋은 소리를 만들어 준다.
훈련) 노래를 부른다.

3단계의 소리 = 배의 소리, 배에서 나오는 소리로서 높은 음을 내게 한다.
훈련) 큰 소리 지르기 훈련을 한다.

실전훈련 발성훈련하기

"음~"소리를 낸다.

"음~"소리로 배에다 가볍게 힘을 주고 길고 편하게 3번 반복해서 발성을 훈련한다. 소리를 서서히 올렸다가는 서서히 내린다.

"음~ _____"
"음~ _____"
"음~ _____"

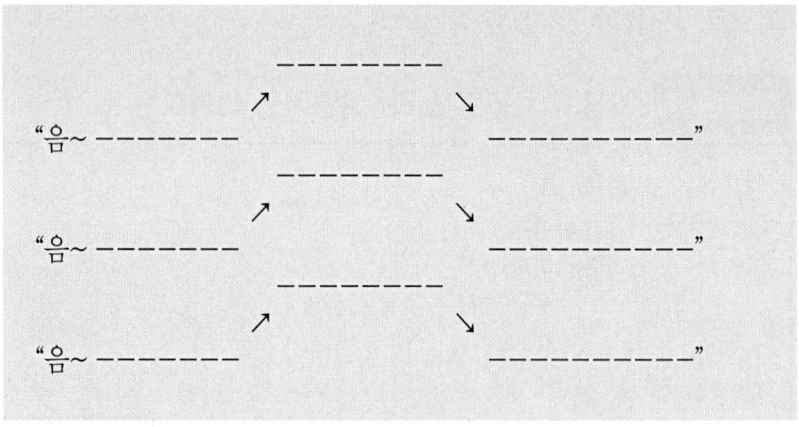

아래 배에 힘을 주고 마치 무거운 물건을 끌어 올리듯이 소리를 끌어 올린다. 비행기가 활주로에서 이륙하기 위한 모습과 같다.

- 평음 발성 소리내기(고르게 소리내기)

  꽃이-피고-잎이-솟는-봄이-오네.

- 고음 발성 소리내기(점점 크게)

  $10 \to 20 \to 30 \to 40 \to 50 \to 60 \to 70 \to 80 \to 90$

- 저음 발성 소리내기(점점 낮게)

  $90 \to 80 \to 70 \to 60 \to 50 \to 40 \to 30 \to 20 \to 10$

3) 웃음의 소리 훈련

잘 웃어야 좋은 소리가 나올 수 있다. 그래서 웃음은 정신건강에 좋다는 자료들이 쏟아져 나오고 있다. 최고의 스피커의 비언어는 환한 얼굴과 밝은 미소를 지니고 있는 것이다. 밝고 환하게 웃을 줄 아는 스피커가 되어야 한다.

미소의 힘은 대단히 크다. "씨익~" 웃는 얼굴형이 되어야 한다.

> 1단계, **마음의 웃음** = 절대 긍정의 생각을 갖는다.
> 2단계, **표정의 웃음** = 환한 표정을 갖는다.
> 3단계, **소리의 웃음** = 밝게 미소를 지닌 입에서 나오는 소리는 위력적이다.

실전훈련 웃음소리 훈련

- '하하~' 3분 동안 웃기
- 박수치며 3분 동안 웃기

4) 좋은 소리를 만드는 오음 훈련하기

다음의 오음은("음~, 아~, 어~, 이~, 우~") 우리의 오장을 건강하고 활기 있게 해주며 좋은 소리를 만들어 보내 준다는 것이다. 오음 훈련 과정은 아래와 같다.

1단계)
먼저 조용히 눈을 감고 마음의 편안함을 느껴보자.

2단계)
천천히 배에 힘을 주면서 소리를 낸다.

3단계)
크고 강한 소리를 낸 후 숨을 한번 들이쉰다.

4단계)
그리고 힘을 주어 소리를 조금 더 끌어올리는 것이다.

5단계)
높이 올라간 소리가 하늘에서 뚝 하고 떨어져 내려가듯이 소리와 배에 힘을 줄이고 천천히 내려주는 것이다.

6단계)
내려온 소리를 평탄한 시골길을 가듯 몇 번 굴려주다가 갑자기 큰 언덕을 부딪치듯이 소리의 음을 끊어주는 것이다.

5) 발성훈련하기

다음의 발성 훈련법을 통해 나의 목소리에 힘을 주게 된다. 또박또박한 음성을 만들어 낼 수 있다. 이를 하루 10분 동안 훈련을 해야만 그 효과가 있다. 21일간 꾸준히 훈련한다.

먼저 다음의 글자를 한 글자씩 3번씩 반복하여 발성한다.

가, 가, 가,	아, 아, 아,
나, 나, 나,	에, 에, 에,
다, 다, 다,	이, 이, 이,

이번에는 단어를 한꺼번에 이어서 반복 발성하여 음을 익힌다.
방법은 3번씩 반복하여 발성한다.

- 경국지색(:나라를 기울게 할 정도의 미인이란 뜻)

> 경국지색,
> 경국지색,
> 경국지색,

다시 글자를 한 자씩 발음한다.

> 경, 경, 경,
> 국, 국, 국,
> 지, 지, 지,
> 색, 색, 색,

- 백문불여일견(:백번 말로만 듣는 것보다 실제로 한번 보는 것이 더 낫다는 말)

> 백문불여일견,
> 백문불여일견,
> 백문불여일견,

다시 글자를 한 자씩 발음한다.

> 백, 백, 백,
> 문, 문, 문,
> 불, 불, 불,
> 여, 여, 여,
> 일, 일, 일,
> 견, 견, 견,

이와 같은 트레이닝 과정을 잘 따라오면, 얼마든지 복근을 단련하면 힘 있고 당당하고 씩씩한 사람들의 마음을 사로잡는 스피치를 할 수 있다. 또한 그 훈련 법 중에 하나가 좋은 목소리를 지닌 아나운서의 목소리를 수시로 듣고 그 억양이나 어투를 따라하는 것이다.

6) 목소리에 변화를 주는 연습

스피치에 능력을 키우기 위해서는 어조를 살려서 말을 해야 한다. 말하는 내용이 슬픈 것이냐, 기쁜 것이냐, 심각한 것이냐, 재미있는 것이냐에 따라 달리 말해야 한다. 적절한 어조를 사용하는 것은 말하기 상황 전체에서 중요한 것이다.

- 기쁘게, = "안녕 하셨어요"
- 화나서, = "안녕 하셨어요"
- 슬프게, = "안녕 하셨어요"
- 즐겁게, = "안녕 하셨어요"

7) 평상시 정확한 발음으로 말하기

"웅얼웅얼, 중얼중얼..." 말하지 말라! 천천히 또박또박하게 말 하라! 말할 때는 천천히 또박 또박 해야 한다. 발음 발성을 향상시키는 연습으로 가장 좋은 방법은 평상시 소리 내어 책을 읽는 것이다. 그리고 생활 속에서 정확한 발음과 좋은 어휘를 바르게 사용해 보는 것이다.

◀ 정확한 발음 훈련법 ▶

- 정확한 발음을 실제로 연습해 보는 것이다.
- 발음이 좋은 방송을 들어본다.
- 거울 앞에서 연습하면서 움직임을 관찰한다.
- 정확한 발음에 강세를 주면서 시나 글을 큰 소리로 읽는다.
- 수시로 혀, 턱, 입술 운동을 한다.
- 큰 소리로 발성 연습을 한다.

8) 긍정적인 문구 읽기

긍정적인 문구가 적힌 문구를 마치 주문처럼 매일 크게 읽는다.
꾸준히 실생활에 적용시켜 본다. 자신의 자신감 문구를 크게 읽는다. 자신감을 만들어 준다. 꾸준히 한 후 당신은 어디에서 누구를 만나든지 주눅 들지 않고, 절대 위축되지 않으며 위풍당당한 모습으로 변화된 멋진 나의 삶을 보게 될 것이다. 역시 긍정적인 문구를 꾸준히 소리 지르고 읽으면 자신감을 얻게 되고 더 나아가 많은 효과를 기대할 수 있다. 그 효과는 아래와 같다.

- 자신감이 생긴다.
- 목소리와 발음이 확실히 좋아진다.
- 내 자신을 사랑하게 된다.
- 두려움과 떨림이 없어진다.
- 용기와 배포가 생긴다.
- 아주 긍정적인 사람이 된다.

긍정적인 문구 활용 요령으로는...

- 자신이 좋아하는 긍정적인 문구를 수집하여 모은다.
- 자신이 좋아하는 문구를 메모지에 써 가지고 다닌다.
- 내가 있는 곳마다 눈에 띄게 붙여 놓는다.
- 매일 긍정의 문구를 소리 내어 읽는다.(책, 시, 글)
- 최소한 1년 이상은 해야 효과를 봄으로 꾸준히 연습해야만 된다.

한 번은 길게 소리를 낸다. 또 한 번은 크게, 높게, 강하게, 짧게 소리 내는 훈련을 집중한다. 이렇게 1주일만 해도 당신의 목소리는 몰라보게 매력적으로 변할 것이다. 자유자재로 소리를 내게 될 것이다.
　다음은 긍정적인 훈련문구이다.

9) 신문의 사설이나 글을 읽기

나는 말을 무진장 잘한다.
나는 무척 행복하다.
말을 잘하면 성공한다.
나는 항상 웃는 얼굴이다.
나의 미래는 실패가 없다.

나는 뭐든 자신 있다.
나는 매사에 긍정적이다.

나는 늘 행복하다.
나는 늘 건강하다.
할 수 있다. 된다.

나는 부드러운 OOO(이름) 이다.
나는 밝은 오뚜기 OOO 이다.
나는 유쾌한 사람 OOO 이다.
나는 운명의 개척자 OOO 이다.
운명아 길을 비켜라.
이제부터 OOO가 나가신다.

나는 낙천가 OOO 이다.
나는 실천인 OOO 이다.
나는 열정의 화신 OOO 이다.
나는 젊음의 용기 OOO 이다.
나는 자신감의 대명사 OOO 이다.

나는 낙천가이다. 나는 사람이 좋다. 나는 열정으로 꽉 차 있다. 누구나 나를 좋아한다. 나는 할 수 있다. 해보자.	여기 000가 나가신다. 앞길을 열어라. 나는 지금 기분이 좋다! 나는 말 잘하는 사람이 될 것이다! 오늘도 좋은 하루가 될 것이다. 결혼하고 싶습니다. 부자가 되고 싶습니다.

"말이 씹힌다", "말을 먹는다"는 소리를 듣는 사람에게 좋은 훈련이다. 빠른 속도로 쭉 읽는 것이 아니라 하나하나 곱씹듯 또박또박 읽어야 한다. 소리 내어 책이나 글을 읽는다.

신문의 사설이나 글을 스크랩하여 읽고 요점을 정리하여 말해 본다. 소리 내어 읽는 훈련을 한다.

10) 책을 읽고 그 내용을 정리하여 발표한다

좀 더 발전 된 훈련 방법으로는, 매주 읽은 책의 내용을 정리하여 주제 스피치로 발표해 보는 것이다. 시간은 3분에서 7분이 좋다. 또한 유명 인물들의 글을 읽고 느낀 것이나 자신의 생각을 함께 나눈다.

녹음기를 사용하여 나의 목소리를 들어본다. 실습 교재로 감사의 말 한마디(정병태 지은이) 책을 주제별로 읽고 매주 발표를 한다.

◀ 소리의 강화훈련 기법 5단계 ▶

> 1단계 : 강하고 큰 소리로 글을 읽는다.
> 2단계 : 큰 소리로 음성 훈련을 한다.
> 3단계 : 말을 할 때나 책을 읽을 때 감정을 넣어서 힘 있게 읽는다.
> 4단계 : 대화시 자신감 있게 말한다.
> 5단계 : 큰 소리로 구호를 외친다.

소리 지르기 훈련의 효과

소리를 지르면 심폐기관을 젊게 하고 뇌를 건강하게 해 준다는 것이다. 사회생활에서 쌓이는 우울, 분노, 불안, 스트레스 등을 해소시켜 준다는 것이다. 질병에 대한 면연력을 강하게 해 준다. 그리고 몸이 피곤을 모를 정도로 뇌에 산소를 공급해 주며 뇌기능도 좋아지게 해 준다. 또한 기억력이 좋게 해 준다는 것이다.

<효과>
- 체력과 영력이 강해진다.
- 목소리에 능력이 있어 영적 힘을 느끼게 된다.
- 자신감을 얻게 된다.
- 우울, 불안, 분노가 사라진다.

우울, 불안, 분노, 근심 치료하기

　소리를 지르면 가슴이 시원해지는 것을 느낀다. 가슴에 맺혀 있던 우울, 불안, 분노, 근심 등이 사라지는 것이다. 그래서 사람들이 답답하거나 화가 치밀어 오를 때는 노래방에서 큰 소리로 노래를 부르면 그 스트레스를 해소한다. 그런데 그 화나 분노, 억울함, 우울, 불안, 스트레스, 답답함을 가슴에 쌓아두면 심장이나 폐를 약하게 하고 결국은 병을 만드는 요인이 되게 된다. 그래서 모든 병의 원인 70%가 스트레스에 의한 것이라고 하지 않는가.

　소리 지르기 훈련만으로도 마음의 병인 우울증과 조울증을 치료할 수 있다는 것이다. 한 환자는 개인적인 우울증의 원인을 이 소리 지르기 심신 훈련을 통해 회복되었다. 우울증은 마음의 응어리들이 사라지게 하면 낫는다.

　강력하고 힘 있고 당당하고 조리 있으며 유창한 스피치를 위해서 반드시 자신감이 바탕이 되어야 한다. 자신감의 결핍으로는 그 어떤 것도 할 수 없다.

　프로와 아마추어의 차이가 무엇인가? 자신감의 자신이다. 환경을 극복하는 자신감의 차이인 것이다.

　첫 번째 효과로는, 마음 한구석에 풀지 못한 우울증 같은 응어리들이 풀어지게 될 것이다. 가슴에 맺혀 있던 우울, 불안, 분노 등이 풀리며 가슴이 시원하게 된다.

　조울증이 치료된다.

　답답함이 해결되므로 담배가 차차 줄어들 것이다.

무엇보다도 자신의 심폐기관이 젊게 만들어진다.

급한 성격이 차분한 성격으로 바뀌어 진다.

소리 지르기가 주는 **두 번째 효과는, 자신감을 심어준다는 것이다.**

말을 잘 하는 사람들은 기본적으로 자신감으로 가득 차 있다.

그런데 큰 소리로 몇 번이고 힘차게 소리 내서 부르면 더욱 더 힘이 난다는 것이다. 입 밖으로 소리를 낸다는 것, 그것은 나에게도 그리고 듣는 이에게도 확신과 자신감을 심어준다.

그러므로 꾸준히 소리 지르기 훈련을 하게 되면 언제나 힘이 되는 소리를 쉽게 내뱉을 수 있어 언제나 자신감 넘치는 생활을 할 수 있게 된다.

06 정확한 발음 발성 훈련
파워 강약고저 목소리를 위한 수사학, 음성학 훈련

정확한 말을 하기 위해서는 반드시 음성학, 수사학, 발음 발성법 등을 배우고 익히고 연습하는 과정이 있어야 한다. 음성, 소리는 허파에서 나오는 공기의 흐름이 발음 기관의 통제를 받아 만들어지는 것이다. 그래 허파에서 출발한 공기가 처음으로 통과하는 발음 기관은 "성대"이다.

성대의 기능은 공기의 흐름을 조절한다. 공기가 지나가는 성대의 틈을 "성문"이라고 한다. 그러므로 성대가 떨려 만들어진 소리를 유성음이라고 하고, 성대의 진동 없이 나는 소리를 무성음이라 한다. 그리고 공기가 구강 쪽으로 흘러서 나오는 소리를 구강음이고, 비강쪽으로 흘러 나는 소리를 비강이라고 말한다.

기본적인 음성 훈련하기

말하는 화자는 듣기 쉽고 깨끗한 목소리를 내도록 늘 노력해야 한다. 좋은 음성 전달이란 연설 목적을 이루도록 도와주는 높은 음성 전달을 말하는 것이다. 그런데 음성 전달에 문제가 있으면, 의사소통의 어려움을 주게 된다. 그 원인으로는 말하는 화자의 말의 속도, 크기, 리듬, 억양을 바른 음성으로 쓰지 않고 다르게 사용하기 때문이다. 또 콧소리, 쉰 목소리, 거친 목소리, 막힌 목소리를 내기 때문이다.
좋은 음성 전달은 듣기 좋은 음색을 만드는 것부터 시작한다.
목소리를 훈련하여 자신의 결함을 교정하고 음색을 바꾸는 훈련을 해야만 된다. 그런데 좋은 음색을 갖거나 훌륭한 음성을 갖추기 위해서 우선적으로 호흡법을 바꾸어야 한다. 즉 숨을 자주 들이마시고 천천히 내뱉는 연습을 해야 한다. 그리고 좋은 음색을 내려면 목소리에 많은 공기가 필요하다. 다음의 음성 훈련을 꾸준히 오랜 기간에 걸쳐 해주어야 된다.

호흡을 조절하는 연습

숨을 내쉬는 방법은 대단히 중요하다. 성대로 지나치게 많은 공기가 지나가면 성대가 너무 벌어져서 긴장되고 거칠고 불쾌한 목소리가 나오게 된다. 꾸준히 연습해야 음색이 고와질 수 있다.

(1) 속으로 열까지 세며 천천히 숨을 들이마신다.
　　(손가락으로 센다.)
(2) 같은 속도로 내뱉는다.
(3) 같을 속도로 들이마신다.
(4) "아" 소리를 내며 천천히 내뱉는다.

또 성대의 긴장을 풀기 위해서는 한숨을 내쉬는 연습을 한다. 순수한

음색을 만드는데 도움을 주기 때문이다. 자신의 목소리에 성량이 부족하며 긴장을 가져오게 된다. 또 허밍으로 노래를 부르는 것도 좋은 연습중 하나이다.

정확한 조음

정확한 목소리 전달을 위해서는 정확한 음(音) 능력을 갖추고 있어야 한다. 상대방이 1미터 안팎에 정도에 있을 때와 십여 명 이상이 모여 있을 때의 성량은 확연히 달라져야 한다. 만약 몇 백 명 이상의 많은 청중을 대상으로 말을 할 때는 더욱 더 음과 성량에 신경을 써야 한다. 그 조음의 기준은 방의 크기, 청중의 수효, 실내의 음향설비, 소음의 크기 등에 따라 결정된다.

정확한 조음을 향상시키기 위해서는 다음의 훈련을 하면 매우 좋은 효과를 얻을 수 있다. 조음 능력이 향상된다.

- 단어 목록을 만들어 읽는다.
- 책, 잡지 등에서 좋은 내용을 발췌해 읽는다.
- 자신의 연습용 자료를 편집하여 읽는다.

목소리의 크기를 다양하게 하는 성량

자신의 성량이 어느 정도인지 아는가?

성량은 목소리의 크기를 다양하게 내는 것이다. 잘 조절된 크기의 성량은 명확한 전달을 능력을 제공해 준다. 성량이 커짐에 따라 소리의 반응도 주변 환경의 영향을 받아 다 달라진다.

그 환경에 맞는 성량을 내야지, 그렇지 않으면 듣는 청중은 고역이 될 수도 있다.

적절한 억양

자신의 억양 패턴을 관찰하여 보라.

각자의 억양 패턴을 가지고 있음을 발견하게 될 것이다. 억양이란 이런 것이다. 목소리만 들어도 설교하시는 목사님인지 아닌지를 구별되는 것, 목소리의 억양만 듣고도 상대방이 상담사인 것을 알 수 있는 것이다.

좋은 억양을 갖추기 위해서는 좋은 모델을 따라 해보는 것이다. 그리고 책을 큰 소리로 읽는 것이다. 좋은 재료를 가지고 꾸준히 읽고 연습을 하면 음성 전달의 억양에 도움을 준다.

| 실전훈련 | 억양 훈련 익히기 |

훈련용 내용과 관계없이 음조를 올리고 내리고 하는 것은 매우 좋은 훈련이다. 자료에 여러 가지 기호를 표시하여 사용할 수 있다.(속도, 음조, 억양, 휴지, 성량, 강세)

(1) 가장 낮은 소리로 시작하여, 가장 높은 목소리가 될 때까지 음조를

> 계속 올려가며 읽는 것이다. 그리고 최고 음조에 이르면 음조를 서서히 낮추고 처음의 낮은 목소리로 되돌아오는 것이다.
>
> (2) 이번에는 가장 높은 목소리로 시작하여 가장 낮은 목소리가 될 때까지 음조를 계속 낮추어 가는 것이다.

표준 자음과 모음 발음 훈련

표준 발음의 모음과 자음을 꾸준히 읽고 쓰고, 표현하는 훈련은 좋은 음성을 가꾸는데 가장 기초적인 훈련법이다.

다음은 표준어의 자음이다.

> ㄱ, ㄲ, ㄴ, ㄷ, ㄸ, ㅁ, ㅂ, ㅃ, ㅅ, ㅆ, ㅇ, ㅈ, ㅉ, ㅊ, ㅋ, ㅌ, ㅍ, ㅎ

다음은 표준어의 모음이다.

> ㅏ, ㅐ, ㅑ, ㅒ, ㅓ, ㅔ, ㅕ, ㅖ, ㅗ, ㅘ, ㅙ, ㅚ, ㅛ, ㅜ, ㅝ, ㅞ, ㅟ, ㅠ, ㅡ, ㅢ, ㅣ

기본적인 발음 발성 훈련하기

여기 명스피커가 되기 위한 수사훈련들은 필히 실제적으로 훈련해야 된다. 사람들 앞에 나와서 해야 그 효과를 얻을 수 있다. 따라서 모든 수사훈련은 모두 일어나 서서, 앞에 나와서 해 본다.

나는 현대 경영의 아버지라 불리는 "피터 드러커"의 말을 잊지 못한다. "인간에게 있어서 가장 중요한 능력은 자기표현이며, 현대의 경영이나 관리는 커뮤니케이션에 의해서 좌우된다."

스피치에 날개를 달아 주는 능력이 바로 발성법이다. 발음이 부정확한 말은 답답할 뿐만 아니라 말하는 목적을 달성하기도 어렵다. 그러나 발음은 얼마든지 일정한 반복된 훈련을 통해서 90% 이상 교정이 가능하다는 것이다. 그러므로 호감 가는 음성으로 좋은 첫인상을 선사할 수 있다.

확인학습 강약고저의 능력을 키우는 10가지 요소

- 좋은 스피커가 갖고 있어야 할 기본적인 4가지 원칙
  (1) 천천히, (2) 큰 목소리, (3) 또박또박, (4) 자연스럽게

- 목소리의 6요소
  (1) 빠르기, (2) 크기, (3) 높이, (4) 길이, (5) 쉬기, (6) 힘주기

수사훈련에서 가장 기초적인 발성 연습은 모음을 가지고 훈련하는 것이다.

"아~, 오~, 우~, 이~, 에~"등을 참기 힘들 때까지 20-30초간 계속한다. 하루 10회 이상하면 그 효과는 대단하다. 수사훈련은 원고작성부터 발성연습, 표정, 인사, 자세, 마이크 사용법, 억양, 휴지기법, 템포,

시선처리, 강약고저, 인사말 등 모두 훈련에 의해 만들어지는 것이다.
먼저 아래의 발음의 기능들을 살펴본 후 수사훈련을 하도록 하겠다.

- **발음의 고저**
    - 소리의 높이이다.
    - 영어의 인터네이션이다.
    - 예를 들어, "말, 배"

- **발음의 장단**
    - 장단은 순 우리말로 소리의 길이다.
    - 특정한 소리를 길게 발음하는 것이다.
    - 예를 들어, "많은"

- **발음의 강약**
    - 소리의 세기이다.
    - 강약의 변화에 따라 말의 어감도 크게 달라질 수 있다.
    - 예를 들어, "여보세요."

- **발음의 속도**
    - 중요한 단어는 속도를 느리게 하고, 주요하지 않은 단어는 빠르게 발음한다.
    - 전체의 의미 파악이 어려울 때는 차분하게 말한다.

- **발음의 어조**
    - 이는 음의 높고 낮은 흐름이다.
    - 음악에서 말하는 멜로디와 같다.

- **발음의 명암**
    - 발음의 명암, 즉 음성의 밝고 어두움을 의미한다.
    - 무겁고 의미가 있는 말은 묵직하게 말하고, 희망이나 비전을 주는 말은 밝게 말하는 것이 좋다.

최고의 명스피커(speaker)가 되기 위한 훈련들

좋은 발성은 건강하고 아름다운 목소리를 가지고 있다. 그러나 발성은 선천적으로 타고나지만 피나는 훈련을 통해서 얼마든지 변화할 수 있기 때문에 실제적인 발성훈련은 힘 있는 소리를 낼 수 있게 해 준다.

다음의 발성에 도움을 주는 수사훈련을 통해서 꾸준히 연습하면 자신의 본래 목소리보다 맑고 투명한 소리로 바뀔 수 있음을 명심하라. 꾸준히 연습해야 한다.

발성연습은 평상시 정확한 발음으로 말하라! 평상시 "웅얼웅얼, 중얼중얼…" 흐리하게 말하지 말고, 천천히 또박또박하게 말 하여라!,

즉 일상생활 속에서부터 말할 때는 천천히 또박또박 말을 해야 한다.

여기서 말하는 또박또박 말하기 최고의 훈련은 무슨 말인지…, 최적의 명스피커가 되는 기본적인 훈련들은 다음과 같다.

① 평소에 소리 내어 책을 읽는다.

좋은 발음과 발성 연습으로 가장 좋은 방법은 평상시 소리 내어 책을 읽는 것이다. 발음과 발성에 신경을 쓰며 국어책이나 이야기책을 큰 소리로 읽는다. 내 목소리를 들으며 이상한 발음은 여러 번 읽어 교정한다. 매일 외국인 영어를 소리 내어 읽으면 발음 발성에 도움이 된다. 신문의 좋은 글을 큰 소리로 읽고 녹음하여 듣는 훈련을 해도 좋다.

② 나무젓가락 또는 볼펜 물고 일일 10분씩 글을 읽는다.

발음이 잘 안 될 단어나 문장은, 볼펜을 입에 물고 책을 읽는다. 이 방법은 여러 달 꾸준히 해야 효과가 있다. 최소 1개월 이상은 해야 된다. 길게는 3개월 정도 훈련을 하라.

③ 발음이 어려운 단어나 문장을 집중적으로 훈련한다.

발음이 잘 안 되는 단어나 문장은 되새기며 반복적으로 읽고 거듭 반복한다. 또한 어휘력 노트를 만들어 반복 훈련한다.

◀ 좋은 어휘력 향상 방법 ▶

- 단어를 듣고 읽는다(테이프)
- 단어를 큰 소리로 읽는다.
- 단어를 자신의 문장이나 스피치에 활용한다.
- 단어장을 만들어 암기한다.
- 책을 많이 읽는다.

④ **평상시 바른 말, 고운 말, 예쁜 말을 쓰라!**

평상시에 바른 말, 고운 말을 쓴다. 언제나 노력하여 의도적으로 사용하라. 말꾼의 진짜 멋진 모습은 우리말을 바르고, 곱게 사용하는 것이다. 말은 그 사람의 인격이고 생각을 밝히는 것이다. 그러므로 평상시 나의 사고와 언어가 언제나 긍정적이고, 희망적이고, 도전적이며 남을 배려하는 말, 칭찬의 말, 감사의 말, 지지해주는 말 등의 언어를 생활화하라.

⑤ **말을 명확하게 끝내라!**

말끝을 흐리게 하는 것은 듣는 사람을 답답하게 하는 나쁜 언어 습관이다. 정말 듣는 사람을 짜증나게 하는 나쁜 언어습관이므로 빨리 고쳐라!

<사례보기>

> : 말 끝을 흐린다. --> "~ 생각은 하는데.....,"
> : 말의 시작에. --> "글쎄....," "내 생각은 말이야," "응~"
> : 중간에 군소리를 넣는다.--> "어, 그러니까 어, 저~"

군더더기 표현 "아~"나 "어~", "음~" 또는 "를~" 쓰지 않기 위해서는 녹음해서 들어보고 군더더기 표현을 쓰지 않으려는 연습만이 교정이 가능하다. 또한 말하는 중간 중간 헛기침이나 쿵쿵거리는 소리도 찾아낸다. 그리고 교정하며 발음 발성 훈련을 한다.

결국 최고의 좋은 명스피커가 되기 위해서는 다음의 정확한 발음으로 훈련하고 연습하라.

매일 15분 씩 입술에 볼펜을 물고 연습하라. 말을 또박 또박 잘 하는 것, 발음이 정확할 수 있는 최고의 지름길이다. 또 하나는 글을 큰 소리로 읽는 것이다. 분명히 15일만 꾸준히 해도 큰 효과를 느낄 수 있을 것이다.

- 정확한 발음을 실제로 연습해 보는 것이다.
- 발음이 좋은 방송(오디오/비디오)을 들어본다.
- 거울 앞에서 연습하면서 움직임을 관찰한다.
- 정확한 발음에 강세를 주면서 시나 글을 큰 소리로 읽는다.
- 수시로 혀, 턱, 입술 운동을 한다.
- 큰 소리로 발성 연습을 한다.

기대효과

놀라운 사실은, 발성 수사훈련을 통해서 초보에게 나타나는 공포증, 기피증, 불안증 등이 자연적으로 치유되고 회복된다는 사실이다. 또한 훈련과 노력의 결과에 따라서는 어눌한 발음과 발성이 교정되고 개선되어 좋은 목소리를 얻게 된다. 그리고 스피치나 대화, 강의 현장에서 나타나는 현상들, 즉 말을 더듬는 것, 얼굴이 달아오르는 것, 손발이 떠는 현상, 불안한 모습 등이 줄어드는 효과를 가져 온다. 무엇보다도 자신감과 배짱이 생겨 대중 공포증과 대인 기피증을 이기게 된다.

⑥ 대면 훈련법

사람들 앞에 서는 것에 익숙해지지 않으면, 많은 사람들이 자신을 주시하는 것만으로도 긴장되고, 공포감에 휩싸여 다리가 떨리고 이마에서는 식은땀이 흐른다. 그러므로 기회가 있을 때마다 사람들 앞에 나가서, 뒤에서부터 앞 좌우의 청중을 바라보는 대면연습을 통해 자신감을 갖게 된다.

긴장을 극복해주는 긍정의 말을 한다. 평소에 긴장을 극복하기 위한 꾸준한 연습을 통해 자신감을 얻을 수 있다. 자꾸 긍정적 암시를 걸면 된다. 구호나 슬로건을 또는 긍정의 말을 외친다.

"나는 할 수 있다.", "괜찮아, 잘 될거야!"

"해보자, 된다", "난 건강하다"

수시로 기회가 주어질 때마다 발표해 보는 것이다. 자신감을 얻고 긴장을 극복하는 최고의 대면훈련법이다.

긍정적사고 + 긍정적인 말 ==> 자신감

---

⑦ 무대 위에서의 작은 동작 훈련

작은 동작을 통해서 자신의 페이스를 유지할 수 있다. 그리고 긴장을 완화시킬 수 있다. 다음의 작은 동작을 실전처럼 훈련해 보라. 당당한 말꾼이 되는데 좋은 자원이 된다.

- 마이크를 뽑아서 말을 한다.
- 물수건을 살짝 손을 닦는다.
- 손목시계를 탁자 위에 풀어 놓는다.
- 물은 마신다.
- 인사를 한다.

"여러분, 안녕하세요." 인사말을 먼저하고 나서 정중히 고객 숙여 인사를 한다.

- 걸음걸이 연습을 한다. 마이크를 향해 걸어가 본다. 표정은 싱긋 미소를 진다. 청중에게 다가가서 인사를 한다.
- 밝은 표정 짓기를 한다. 사람들 앞에서 가장 밝고 환한 미소로 30초 웃는다.

⑧ **사람들 앞에 나와서 주제로 시작한다.**

사람들 앞에 나와서 발표할 주제로 말을 시작해 보는 것이다. 또는 결론을 제시하고 하나씩 전개해 나아가는 것도 좋은 훈련이다.

사람들에게 오늘 말할 내용의 주제를 제시하여 기대감을 심어주는 것이 좋다.

- 질문형으로 시작하라.
- 옛날 이야기로 시작하라.
- 시각물을 이용하라.
- 가벼운 유머로 시작하라.

⑨ **감정을 담은 화법 훈련**

수사훈련에 좀 어려운 훈련 중 하나이다. 스피치의 능력 중 감정의 이입 기술을 매우 중요하게 생각한다. 이는 많은 노력과 훈련이 필요하다. 사람들 앞에 나와서 다음의 감정을 싣는 발성법 훈련을 해 보도록 하자.

- 친구에게 이야기하듯 자연스럽게 소리를 내어 말해 본다.
- 손짓, 표정, 제스처를 함께하면서 말해 본다.
- 기뻐서 웃으면서 말해 본다.
- 분노의 감정을 담아 말해 본다.
- 슬픔을 담아 울면서 말해 본다.
- 몹시 놀란 느낌으로 말해 본다.

기본 발성훈련을 위한 자세 요령

기본 발성연습은 발음을 정확하면서 조음기관(구개, 치아, 혀, 입술, 턱)을 단련시키는 데 그 목적이 있다. 그리고 안면근육을 부드럽게 하기 위해서 굳어진 입과 주변을 풀어주어야 한다. 그렇기 위해서는 좋은 그리고 바른 자세를 갖추고 있어야 한다.

그러므로 분명한 발음을 하기 위해서는 먼저 조음기관인 혀와 아래턱의 움직임이 부드러워야 한다. 따라서 혀와 턱 운동을 해야 한다. 입을 다물고 턱을 전후, 좌우로 움직인다.

- 호흡을 충분히 할 것
- 목에 힘을 주지 말 것
- 입술과 혀와 턱을 빨리 움직일 것

그 동안의 습관을 버리고 음성적 요인 훈련을 꾸준한 연습이 필요하다. 기본적인 자세의 요령은 아래와 같다.

(1) 아래턱을 내릴 수 있는 데까지 내리고 입은 가능한 크게 벌린다.

즉 가슴을 펴고 입을 크게 움직여 배 속으로부터 나오는 목소리를 낸다.

(2) "아, 에, 이, 오, 우"를 최대한 입을 크게 벌려서 기본 발음한다.

<도-레-미-파-솔-라-시-도>식으로 음정을 높여 가며 소리는

내는 연습을 한다.

(3) 위의 발음을 숨을 들이마신 후,

한꺼번에 내뱉으면 뚝뚝 끊어 크고 굵게 내뱉는다.

(4) 호흡을 잘 가다듬어 자연스런 발음이 되도록 하며,

입 끝에서만 소리를 내는 것이 아니라 복식호흡을 염두에 두고 깊은 데서부터 소리를 낸다. 목에 힘을 주지 않고 자연스럽게 한다.

(5) 혀끝을 의식하면서 자유로이 움직일 수 있게 한다.

(6) 소리를 삼키는 일 없이 될 수 있는 대로 내뱉도록 하며,

항상 발음을 정확하게 한다. 지속적으로 또박또박 말하는 연습을 한다.

실전 수사훈련

이 실전 수사훈련을 국내 유일의 본 교재에만 충실히 실어 놓은 훈련법이다. 일어나서 큰 목소리로 다음의 지침에 따라 훈련하도록 하라.

1) 어려운 발음 기본 연습하기

큰 소리로 입을 크게 벌리고 "아~"하고 길게 20-30초간 계속하여 소리를 낸다. 또 다른 음으로 "어~" "오~" "우~" "이~" 그리고 '아, 에, 이, 오, 우' 등이 있다.

발음이 어려운 단어들을 모아서 복식호흡법으로 읽거나 큰 소리로 말하면 좋은 훈련이 된다. 반드시 또박또박 발음을 해야 한다. 느리지

않게 빨리 말을 하라. 지속적으로 연습을 하다보면 나도 모르는 사이에 발음이 또렷해지고 정확하고 또박또박한 음성을 내게 된다.

> 가-나-다-라-마-바-사-아-자-차-카-타-파-하,
> 마먀, 머며, 모묘, 무뮤, 므미
> 아-에-이-오-우,
> 우-오-이-에-아,
> 아-야, 어-여, 오-요, 우-유, 으-이,
> 로-우-얄, 우이-야-, 싸-리-톨,
> 야-호-, 쥬-피-탈, 아-큐-향,
> 오-패-냥, 마-악-파, 올레-로-사,
> 수네-이-파-젤, 푸렌-마-네푸

2) 짧은 문장으로 발음 연습하기

다음의 문장을 각자 3분 동안 읽는다.

성대를 가능한 한 많이 열고 호흡기를 이용하여 큰 소리로 읽되, 문장 하나를 한 호흡으로 끝까지 읽는다. 발음이 잘 안 되는 것은 반복해서 읽어본다. 때로는 입술에 볼펜을 물고 연습한다. 이 훈련과정은 매일 반복적으로 이루어져야 한다. 또는 암기하고 싶은 문장이나 말을 소리 내어 읽는다. 뛰면서 읽으면 효과가 더 좋다. 아래의 문장을 소리 내어 읽고 말하면서 뛴다. 성대를 가능한 한 많이 열고 호기를 이용하여 큰 소리로 읽되, 문장 하나를 한 호흡으로 끝까지 읽는다. 발음이 잘 안 되는 것은 반복해서 읽어 본다.

첫째는 큰 소리를 내는 것이다. 혹시 이 훈련법을 시시한 방법이라고 생각할지 모르지만, 사실 평소에는 이렇게 큰 소리를 낼 기회가 별로 없다. 큰 소리를 내는 훈련은 자연히 복식호흡 훈련이 된다. 훈련은 개인적으로 또는 단체로 할 수 있다.

< 짧은 문장 연습 >

- 오늘, 당신이 사용하는 말이 당신의 미래를 결정합니다.
- 말 잘하는 사람들에겐 아주 특별한 비밀이 있다!
- 사람의 마음을 움직이는 마법의 말

- 성공하는 사람은 스피치에 강하다.
- 상대를 내편으로 만드는 말 잘하는 비결
- 말에는 생명과 사망의 능력이 있다.

- 나도 명강사 될 수 있다.
- 봄이 지나고 여름이 되었습니다.
  여름은 바다의 계절입니다.
  휴일에는 많은 사람으로 해변이 붐빕니다.

< 발표 이야기 >

• 저는 오늘 긍정적 사고를 하면 마음이 넓어질 수 있다는 이야기를 하려고 합니다. 지난 연말에 큰 눈이 내렸던 것을 여러분은 기억하고 계십니까? 어느 날, 저는 어머니와 함께 민토 레스토랑으로 식사를 하러 갔습니다. 즐겁게 식사를 마치고 밖으로 나서자 거리가 온통 눈으로 뒤덮여 있더군요. 저는 어머니가 미끄러질까봐 걱정이 되어 택시를 타고 가기로 했습니다.

- 여러분, 이건 말도 안 되는 이야기입니다.

사람의 탈을 쓰고 어떻게 이럴 수가 있단 말입니까?
도대체 돈이 뭐길래 사람의 생명보다 더 중요한 가치를 가진단 말입니까?

확인학습 | 음성적 요인 훈련 원칙

① 안 되는 발음은 적어놓고 연습한다.
   차 안에서, 화장실에서, 자투리시간을 활용한다.
② 녹음기를 활용한다. 자주 녹음하여 모니터한다.
③ 동력과 독력을 키운다.
   동력은 일정한 힘과 속도로 읽을 수 있는 능력이며,
   독력은 글을 이해하는 능력이다.

3) 어려운 말을 빠르게 또박또박 발음훈련하기

저기 저 뜀틀이 뛸 뜀틀인가 내가 안 뛸 뜀틀인가.
강장공장 공장장은 강공장장이고, 된장공장 공장장은 장공장장이다.
저기있는 말말뚝이 말 맬 만한 말말뚝이냐 말 못 맬 만한 말말뚝이냐.
저기있는 저분은 박 법학박사이고, 저기있는 이 분은 백 법학박사이다.
검찰청 쇠철창살이 새 쇠철창살이냐, 헌 쇠철창살이냐.

저기 저 콩깍지는 깐 콩깍지냐, 안 깐 콩깍지냐?
저기 가는 저 상장수가 새 상장수냐, 헌 상장수냐?
작년에 온 솥장수 헌 솥장수이고, 금년에 온 솥장수는 새 솥장수이다.
멍멍이네 꿀꿀이는 멍멍해도 꿀꿀하고, 꿀꿀이네 멍멍이는 꿀꿀해도 멍멍한다.

> 서울특별시 특허 허가국 특허 허가과 허가과장은 장 과장이다.
>
> 내가 그린 구름 그림은 새털구름 그린 그림이고,
> 네가 그린 구름 그림은 뭉게구름 그린 그림이다.
> 상표 붙인 큰 깡통은 깐 깡통인가, 안 깐 깡통인가?
> 한양양장점 옆 한영양장점, 한영양장점 옆 한양양장점.
> 건넛마을 김부자댁 시렁위에 얹힌 푸른 청청 조좁쌀은
> 쓿은 푸른 청청 조좁쌀이냐 안 쓿은 푸른 청청 조좁쌀이냐
>
> 강낭콩 옆 빈 콩깍지는 완두콩 깐 빈 콩깍지이고
> 완두콩 옆 빈 콩깍지는 강낭콩 깐 빈 콩깍지이다.
> 재석이네 앞집팥죽은 붉은 팥 풋 팥죽이고
> 뒷집 콩죽은 햇콩 단콩 콩죽이다.
>
> 춘천 공장창 창장은 편 창장이고, 편촌 공장창 창장은 황 창장입니다.
> 저기 저 미트소시지 소스스파게티는
> 크림소시지 소스스테이크보다 비싸다
> 앞집 꽃집은 장미꽃 꽃집이고 옆집 꽃꽂이집은 튤립꽃 꽃꽂이집이다.
>
> 닭발바닥은 싸움닭발바닥이 제일크고
> 밤발바닥은 쌍밤발바닥이 제일 크다
> 대한관광, 대한관광공사, 대한관광공사 공무원

4) 정확한 음가를 내기 위한 훈련

아래의 글자들은 다양한 방향으로 다양하게 발음 연습을 한다. 그러면 한결 구강이 부드러워지고 정확한 음가를 내게 될 것이다.

아래의 글자를 빠르고 정확하게 읽어보자, 입과 혀가 부드럽게 움직

여야 한다. 그리고 사선으로도 읽어보자. 정확한 음가를 내는데 좋은 훈련기법이다. 볼펜 물고 소리 훈련은 턱관절의 부정합과 혀의 움직임이 부족한 사람에게서 많이 나타나는 '새는 소리(특히 ㅊ 발음)' 과 부정확한 발음 교정에 도움이 된다. 그리고 꾸준히 연습 한다면 턱관절 교정과 발음시 혀의 움직임을 활성화 시키는 것에 도움이 된다.

> 가게기고구, 나네니노누, 다데디도두,
> 라레리로루, 마메미모무, 바베비보부,
> 사세시소수, 아에이오우, 자제지조주,
> 차체치초추, 카케키코쿠, 타테티토투,
> 파페피포푸, 하헤히호후
>
> 가네디로무, 나네리모부, 다레리보수,
> 라메비소우, 마베시오주, 바세이조추,
> 사에지초쿠, 아제치코투, 자체키토푸,
> 차케티포후, 카테피호, 타페히, 파헤, 하

모음과 자음의 합친 소리 가로세로 읽기 훈련

대다수 사람들이 통상적으로 발음이 정확하지 못한 단어들이 있는데, 이는 정확히 발음을 연습하지 않아서 그렇다. 다음의 자음과 합친 소리를 훈련하면 좋은 발음을 가질 수 있다.

```
가구거고그기게개갸교겨규 | 나누너노느니네내냐뇨녀뉴
다두더도드디네대댜됴뎌듀 | 라루러로르리레래랴료려류
마무머모므미메매먀묘며뮤 | 바부버보브비베배뱌뵤벼뮤
사수서소스시세새샤쇼셔슈 | 아우어오으이에애야요여유
자주저조즈지제재쟈죠져쥬 | 차추처초츠치체채챠쵸쳐츄
카쿠커코크키케캐캬쿄켜큐 | 타투터토트티테태탸툐텨튜
파푸퍼포프피페패퍄표펴퓨 | 하후허호흐히헤해햐효혀휴
```

5) 강한 호흡 훈련

호흡이 많이 활용되는 호흡 소리를 훈련해 보자, 이때 역시 복부 근육은 힘의 집중으로 강하고 반복적으로 수축된다. 복식 호흡법으로 소리를 만들어 내야 한다.

```
탓, 탓, 탓/ 타, 타, 타, 타, 타, 타.....
팥, 팥, 팥/ 팥, 파, 파, 파, 파, 파.....
콱, 콱, 콱, 콱, 콱/ 콰, 콰, 콰, 콰, 콰.....
칙,폭/ 칙,폭/ 칙,폭/ 칙,폭/ 칙,폭/ 칙,폭/ 칙,폭,...
```

6) 뛰면서 노래 부르기

호흡을 더 익히기 위해 "뛰면서 노래 부르기"를 한다.

이 훈련에서 부를 노래는 부르기가 쉽고 박자에 맞춰 손뼉 치며 부르기가 좋아야 한다. 결과적으로 호흡 소리를 낼 수 있는 사람은 목소리로 다양한 표현을 할 수 있다. 이 훈련법으로 복식법으로 말하기의

VOICE

기초가 열리게 된다. 쉽고 알고 있는 노래를 부른다. 제자리 뛰기를 하면서 부른다.

> 별빛이 흐르는/ 다리를 건너
> 바람 부는/ 갈대 숲을 지나
> 언제나 나를/ 언제나 나를
> 기다리던/ 너의 아파트
>
> 그리운 마음에/ 전화를 하면
> 아름다운/ 너의 목소리
> 언제나 내게/ 언제나 내게
> 속삭이던/ 너의 목소리
>
> 흘러가는/ 강물처럼
> 흘러가는/ 구름처럼
> 머물지 못해/ 떠나가 버린
> 너를 못 잊어<..

> 사나이로/ 태어나서 / 할 일도 많다만/
> 너와 나 / 나라 지키는 / 영광에 살았다./
> 전투와 / 전투 속에 / 맺어진 전우여/
> 산봉우리에 / 해가 뜨고 / 해가 질 적에/
> 부모형제 / 나를 믿고 / 단잠을 이룬다.

7) 실전, 명확한 발음 발성 트레이닝

아무리 그 분야의 고수가 가르친다고 해도, 명강사라 할지라도 학습자의 의지가 없으면 모두 소리 나는 빈 깡통일분이다. 반드시 구체적인 계획과 목표가 세워져야 할 것이다. 따라서 다음의 훈련 완성 프로젝트에 따라 오다보면 자기도 모르는 사이 스피치 능력이 향상됨을 느낄 것이다.

매일 어려운 120 단어 정확한 발음 발성 연습을 지속적으로 한다.

가장 좋은 훈련법은 신문읽기, 발표 원고 읽기, 쉬운 책 일기, 성경 읽기 등등 이다. 여기서는 성경에 나오는 고대의 사람이름, 지명, 왕 이름 등을 소리 내어 훈련하기로 한다.

결국 또박또박 한 발음 발성은 내 혀가 평소에 사용하지 않은 발음과 음가를 내는 훈련을 통해서 향상될 수 있는 것이다. 내 목소리를 익히고 매일 이 과정을 반복해야 한다.

기억하라, 스피치의 능력은 연습의 횟수에 좌우된다는 사실을 말이다.

느부갓네살, 바알헤르몬, 아브라함, 다윗, 이스할, 이삭, 아히못, 디글랏빌레셀, 벧세메스, 야곱, 애드니, 유다, 에비아삽, 다말, 이르라히야, 베레스, 욕므암, 세라, 헤스론, 람, 아미나답, 나손, 슬로브핫, 숩빔, 엘료에내, 여디아엘, 살몬, 여우스, 라합, 실르대, 보아스, 안도이야, 룻, 삼스래, 오벳, 스부반, 이새, 하르네벨, 헤벨, 우리야, 야아레시야, 솔로몬, 수델라, 르호보암, 아비야,

VOICE

익게스, 아사, 야소브암, 여호사밧, 요람, 셀렉, 웃시야, 스루야, 요담, 이스마야, 아하스, 히스기야, 므낫세, 아몬, 실르대, 몬, 삼무아, 게렌합북, 엘리바스, 요시야, 마아세야, 맛디디야, 바벨론, 여고냐, 스알디엘, 스룹바벨, 아비훗, 엘리아김, 아소르, 사독, 아킴, 엘리웃, 엘르아살, 맛단, 마리아, 요셉, 그리스도, 예수, 헬리요, 맛닷, 레위, 멜기, 얀나, 맛다디아, 아모스, 나훔, 에슬리, 여미마,

르말리야, 스알야숩, 낙개, 스미라못, 믹마스, 마앗, 엘리블레후, 맛다디아, 아하수에로, 서머인, 오벧에돔, 요섹, 엘벨렛, 요다요, 느다넬, 모르드개, 요아난, 레사, 스룹바벨, 스알디엘, 네리, 멜기, 앗디, 여레못, 고삼, 베냐민, 마담, 에르, 엘리에서, 요림, 시므온, 벧학게렘, 산발랏, 여시미엘, 느헤미야, 요남, 예수아, 스벨렛, 엘리아김, 멜레아, 멘나, 맛다다, 하닷에셀, 나단, 아힐룻, 오벳, 아디엘,

살몬, 오르난, 나손, 엘하난, 아미나답, 데라, 나홀, 메드바, 스룩, 벧아스마웨 아도니감, 르우, 벨렉, 헤버, 살라, 가이난, 아박삿, 여이엘, 베드야, 글루히, 셈, 므술람, 노아, 레멕, 므두셀라, 에녹, 야렛, 마할랄렐, 가이난, 에노스, 셋, 바슬릿, 므히다, 깃델, 아담, 바르실래, 하나님, 그비라, 스블론, 헬론, 엘리압, 르우벤, 아히에셀, 에브라임, 가말리엘, 엘르아살, 느다넬, 기드오니, 암미삿대,

드우엘, 에난, 슬로브핫, 길르앗, 호글라, 이스글론, 그나스, 드빌, 드라크마, 세벨, 하르보나, 세겜, 아벨므홀, 살문나, 아스훌, 디르하나, 기럇여아림, 벧가델, 에스디올, 느도바, 벧술, 하므란, 엘료에내, 야아고바, 여소하야, 여시미엘, 아디엘, 벧비리, 사아라임, 여할렐렐, 므오노대, 소베자, 하룸, 아하헬, 사룰렐보니, 부느엘, 베레갸, 하사다, 여고냐, 스알디엘 , 엘리사마, 이드르암, 아비가일

◀ 실전, 응용실습 ▶

스알디엘 × 3	스, 스, 스 (음가)
스알디엘	알, 알, 알
스알디엘	디, 디, 디
	엘, 엘, 엘

실전 적용하기 실전 목소리 스피치 훈련하기

① <표현능력 키우기>

각자의 하루 일과를 마치고 집에 돌아왔을 때, 가장 먼저 만나는 가족에게 5분 정도 그날의 일을 이야기를 해보자. 또는 여행이나 출장의 이야기도 좋다.

최근의 사건이나 이슈를 설명한다. 자신이 본 영화 이야기를 설명해 준다. 정치나 문화 그리고 드라마 등의 이야기를 설명하는 훈련을 통해서 표현 능력을 키운다.

한 주간에 있었던 함께 나누기 원하는 이야기를 말해 보라.

----

② **<억양 연습하기>**

문장의 끝을 올리거나 내려 읽는 것이다. 의문문인 겨우는 끝을 올리도록 하고, 평서문의 경우에는 끝을 내려 본다. 그리고 말에도 감정을 넣어서 해보는 것도 좋다. 부드럽고 동그랗게 소리를 낸다.

네, 그렇습니까? 그렇지 않습니까?
오늘의 문제는 무엇이냐?
언젠가 내 시대가 온다.
시간은 황금이요. 세월은 약입니다.

③ **<소리 내어 글을 읽기>**

이 훈련방법으로는, 책이나 신문을 읽을 때 소리를 내어 읽는 것이 좋다. 이 훈련을 통해서 자신의 음성을 정확히 알게 하고 강약고저의 연습을 통해 감동적인 연설이나 대화를 위한 필수조건을 갖출 수 있다. 그러므로 꾸준한 발성훈련을 하기 바란다. 꾸준히 기승전결, 서론 본론 결론이 뚜렷한 신문을 매일이 읽다보면 발음과 발성이 교정되고, 말주변이 향상되는 것을 알게 된다.

특히,
(1) 발음, 발성, 어조훈련도 하게 되고,
(2) 논리적으로 조리 있게 말하는 능력이 길러지며
(3) 시사에도 밝아지고 판단능력도 배양된다.

- 매일 구독하는 신문 중에 한 가지를 정하여 소리 내어 읽는다.
- 말 잘하는 스피커의 어조를 흉내 내며 읽는다.
- 문장의 끝을 변형하여 읽고, 성우와 같은 연기로 읽어도 좋다.

④ <볼펜이나 나무젓가락을 입에 물고 소리 훈련하기>

　명확하고 또박또박하고 정확한 발음을 내는 최고의 훈련은 볼펜이나 나무젓가락을 입에 물고 소리 내어 읽는 것이다. 이 훈련법을 일일 15분씩 15일만 해도 향상된 자신의 발음과 발성을 가질 수 있다. 그러므로 좋은 소리와 발성으로 말을 잘 하기 위해서는 매일 15분 씩 입술에 볼펜을 물고 연습하라.
　말을 또박 또박 잘 하는 것, 발음이 정확할 수 있는 최고의 지름길이다. 또 하나는 글을 큰 소리로 읽는 것이다. 분명히 15일만 꾸준히 해도 큰 효과를 느낄 수 있을 것이다.

　어디에서 이런 근거를 가져 왔는가, 고대 그리스의 위대한 웅변가 '데모스 테네스'는 말을 또박 또박 하기 위해서 입안에 자갈을 물고 연습했다고 한다. 그리고 좋은 언변력을 지니고 유창한 말주변의 능력을 지니기 위해서는 반드시 기본적으로 알아야 할 것이 있다. 그것은 스스로 발성 발음 훈련을 해야만 된다는 것이다.

분명한 사실은 우리의 외모나 성격 못지않게 음성이 매력에 많은 영향을 준다는 것이다. 그러므로 당신도 노력하면 매력적인 목소리를 가질 수 있다. 기본 발성연습은 발음을 정확하면서 조음기관(구개, 치아, 혀, 입술, 턱)을 단련시키는 데 그 목적이 있다. 그리고 안면근육을 부드럽게 하기 위해서 굳어진 입과 주변을 풀어주어야 한다.

07 매력적인 리듬 스피치 만들기
경쾌한 리듬감 넣기

목소리가 좋다는 것은 발음, 발성, 호흡 이 3가지를 잘 유기적으로 사용하는 것이다. 그래야 정확한 발음, 풍부한 발성, 긴 호흡을 만들어 낼 수 있는 것이다.<스피치 불통(不通)>으로는 절대 사람들로부터 호감을 얻을 수 없다. 그렇다면 어떻게 사람들로부터 호감을 얻을 수 있을까? 편안함을 주고 신뢰감을 줄 수 있을까?

소리에 <리듬 스피치>를 넣는 것이다. 말을 잘 하는 사람들은 다 리듬감이 들어가 있다. 밝고 경쾌한 리듬감 말이다. 그 원리는 마치 노래 부르듯이 리듬을 넣어 읽는 것이다. 또는 말을 한다. 그러면 말에 나도 모르게 강약이 생기게 된다. 한 번 리듬을 넣어서 훈련해 보라.

◀ 훈련하기 ▶

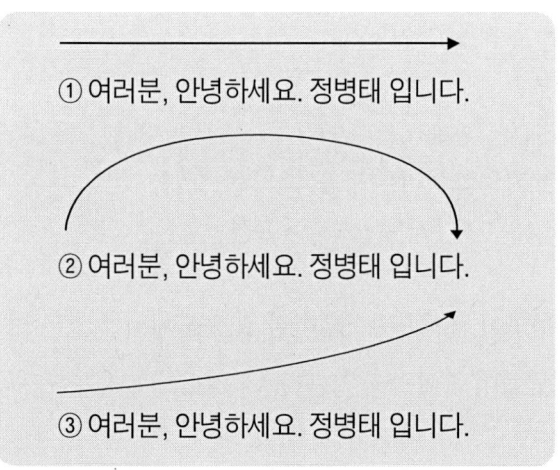

말을 잘하고 뛰어난 연설가들은 하나같이 다 좋은 목소리를 가지고 있다는 것이다. 그런데 그들은 하루 30분 이상 발성훈련을 했다는 것이다. 나의 주장도 변함없다. 목소리는 절대 타고 나는 것이 아니다. 후천적인 노력으로 얼마든지 좋은 목소리, 호감을 주는 소리를 가질 수 있다.

커뮤니케이션의 심리학자인 앨버트 메라비언의 법칙

논리/원고 = 7%   태도 = 20%
표정 = 35%   목소리 = 38%

사람들은 언제 집중하여 내 말을 들을까?
<① 발음과 발성 ② 소리의 강약고저 ③ 표정 및 시선처리>

이런 소리의 요소를 갖추지 않으면 사람들은 절대 나의 말에 집중하지 않는다. 신경을 쓰지 않을 것이다. 반면 이런 것들을 갖춘 리듬 목소리는 사람들을 편안하게 해 주며, 말을 잘 한다는 느낌을 준다. 그리고 끌어당기는 힘을 갖게 된다.

- 논리적인 훈계 = [이론]
- 화가 가득한 하이톤의 음성 = [목소리]
- 몰아세우는 무서운 눈빛 = [표정]

여기에 무엇이 빠져 있는가? 이런 요소로 치우쳐 있는 커뮤니케이션은 절대 사람들이 좋아하지 않는다. 내 목소리에 리듬이 있는지 점검해 보라.

내 목소리 체크 하기

> [ ] 기어들어가는 목소리   [ ] 웅얼거리는 발음
> [ ] 느린 말투   [ ] 너무 큰 목소리
> [ ] 화가 난 목소리

이 모든 것은 자신감이 없는 상태에서 나온 목소리이다. 그러므로 자신감을 습득해야 당당하고 멋진 목소리를 가질 수 있다. 자신감이 없는 목소리로는 절대 사람들을 장악할 수 없다. 물론 설득할 수도 없다.

어떻게 열정과 따뜻함으로 무장한 내 목소리를 찾을 수 있을까?

그 방법은 바로 자신만의 목소리를 찾는 것이다. 그리고 목소리 안에 공명(맑은 울림소리)한 목소리를 가지고 있는 것이다.

좋은 공명의 목소리 만들기

목소리로 그 사람의 이미지를 알 수 있다. 얼굴을 보지 않고도 목소만 듣고도 얼마든지 그 사람이 어떤 이미지를 가지고 있는지를 알 수 있다. 바로 목소리는 그 사람의 이미지를 그리기 때문이다. 또 목소리만 들어도 그 사람의 감정이나 기분이 어떤지를 알 수 있다. 심지어는 그 사람의 건강까지도 알 수 있다.

기억하라. 목소리는 나를 알리는 최고의 PR도구이다.

좋은 목소리를 유지하기 위해서는 각자의 몸에 맞는 톤을 찾아야 한

다. 그래야 내 몸의 맞는 공명의 소리를 낼 수 있다.

이 소리가 좋은 목소리이며, 상대방이 듣기에도 편한 목소리이다. 즉 내 몸에 맞는 키톤(KEY TONE) 말이다. 그래야 목소리가 안정적이고 편안한 목소리를 낼 수 있다. 잘 들리는 발음 발성을 할 수 있다.

자신의 목소리를 찾으면 좋은 목소리를 낼 수 있다.

내 안에서 울림, 공명 등의 방법으로 소리를 내 본다. 성대의 울림이 느껴질 때까지 연습을 한다. 울림이 큰 것을 느낄 것이다.

"아~~"

"음~~"

폐에서 나온 공기가 성대를 지나며 진동을 하게 되고 구강(입), 비강(코), 두성(머리)을 거치며 울림이 더욱 배가되어 나오는 목소리는 공명하고 편안한 목소리가 된다.

공명은 소리가 나오면서 주변의 울림을 통해 밖으로 표출되는 목소리를 말한다. 그런데 공명한 목소리는 얼마든지 훈련을 통해서 얻어질 수 있다는 것이다. 다음의 질문에 답하라.

- 세일즈맨이 물건을 팔 때, 사용되는 목소리는?
- 홈쇼핑 쇼핑호스트가 상품을 홍보할 때의 목소리는?
- 면접을 앞두고 있는 취업 준비생의 목소리는?

그렇다면 공명의 목소리를 내기 위해서는 어떻게 해야 할까? 이도 역시 복식호흡법으로 말하는 것이다. 배에서 나오는 목소리는 공명한 목소리를 만들어주는 에너지를 가지고 있다.

  복식호흡법 훈련으로 좋은 것은 누워서 하는 복식 호흡법이다. 누워서 자신의 배에 책을 올려놓고 숨을 들이마시고, 숨을 내쉬는 연습을 한다. 또한 말하는 훈련을 한다.

  그리고 동그란 목소리를 낸다. 소리가 입에서 나올 때 동그란 모양을 그리며 소리를 낸다. 그러면 듣는 사람이 편안하고 예쁜 목소리를 가지게 된다. 자신감을 갖게 된다.

  좀 더 요령을 말한다면, 단어와 단어를 모두 나눈다. 그리고 필요하고 중요한 부분에 악센트를 준다. 마지막으로 노래 부르듯이 리듬을 준다.

정확하고 공명하며 명료한 발음 만들기 훈련

  우리는 위에서 '리듬 스피치'에 대해서 공부하고 훈련을 하였다. 이번에는 '지르는 스피치'를 공부하고 훈련해 보자.

  기억하라. 목소리는 바꾸는 것이 아니라 찾는 것이다. 나만의 목소리를 찾아내는 것이다. 우리의 몸에 맞는 타고난 목소리를 사람마다 다 갖고 있다. 그 훈련법으로 복식호흡과 공명점을 찾는 것이다. 스타카토 리듬감을 주어서 말을 한다. 말끝 어미를 늘리거나 흐리지 않는다.

  다음의 지침서를 지금 10번씩 훈련해 보라.

훈련지침서

- 복식호흡으로 발표하기
- 목소리를 크게 소리치는 훈련하기
  "안녕하세요~~" --> "안녕하세요"
- 공명점 찾기
- 스타카토 화법으로 훈련하기

(스타카토는 말을 딱딱 끊어서 말한다. 그러면 소리가 아주 명료하고 공명한 소리를 낸다. 주의 사항으로는 어미를 길게 늘이지 말고 딱딱 끊어서 읽는다.)

이 리듬 스피치 훈련은 10분씩 21일만 해도 좋은 목소리를 가지게 된다. 발음과 발성법은 절대로 거짓말을 하지 않는다.

소리를 크게 외치고 지르는 훈련을 꾸준히 하면 무엇이 좋아지는가? 그렇다. 자신감이 생기고 굵고 맑은 목소리를 가지게 된다.

얼마 전 이런 상담을 했다.

40대 후반의 남자인데, 목소리가 너무 커서, 즉 톤이 높아서 무슨 말만 하면 시끄럽다는 느낌을 주어서 매우 힘들다는 것이다. 이는 고음만을 사용했기 때문이다. 톤과 호흡을 잘 조화롭게 하여 자신의 공명점 소리를 찾아내야 한다.

그 외에도 목소리가 어린 아이 같은 소리를 지녔거나, 말을 조그만 해도 목이 아프거나 목소리가 너무 작거나 등 이 같은 증상은 모두 복식호흡법과 발음, 발성법 훈련을 통해서 회복이 가능하다.

발음의 종류 이해하기

자음(子音)이란 발음할 때 <혀. 구강. 이. 입술>등의 발음 기관에 의하여 장애를 받아 나는 소리를 말 한다. 그리고 한글에서는 [ㄱ.ㄴ.ㄷ.ㄹ.ㅁ.ㅂ.ㅅ.ㅇ.ㅈ.ㅊ.ㅋ.ㅌ.ㅍ.ㅎ] 등과 단자음 14개와 [ㄲ·ㄸ·ㅃ·ㅆ·ㅉ] 등 복자음(複子音) 5개를 합하여 19개의 자음이 있다.

< 한글 자음 읽기 >

ㄱ 기역	ㄴ 니은	ㄷ 디귿
ㄹ 리을	ㅁ 미음	ㅂ 비읍
ㅅ 시옷	ㅇ 이응	ㅈ 지읒
ㅊ 치읓	ㅋ 키읔	ㅌ 티읕
ㅍ 피읖	ㅎ 히읗	

이 자음은 공기가 터지면서 나오는 발음이 있다. 이 음은 발성기관의 근육이 긴장해 있다가 긴장된 공기가 터짐과 동시에 풀어지면서 만들어진다.

ㄱ, ㄷ, ㅂ, ㅈ, ㅍ, ㅌ, ㅋ

마찰을 일으키며 나오는 발음이 있다. 이는 입과 입천장 사이에서 나오는 발음이다.

ㅎ, ㅅ, ㅆ

콧소리로 나오는 발음

| ㄴ, ㅁ, ㅇ |

입 모양을 크게 해서 제 발음이 나올 수 있도록 입 모양을 크게 만들어 줘야 한다. 그래야 정확하고 명료한 발음을 할 수 있다.

발음의 음가 소리는 1, 10단계의 음이 있다. 낮은 음가에서 최고 음가를 낼 수 있어야 제대로 된 음가를 낼 수 있다. 요령으로는 입을 크게 벌리는 것이다. 그래야 공명의 소리를 만드는 발음기관(입, 코, 목구멍)에서 공기의 흐름에 맞는 소리를 낼 수 있다.

모음은 21개로 되어있다.

[ㅏㅐㅑㅒㅓㅔㅕㅖㅗㅘㅙㅚㅛㅜㅝㅞㅟㅠㅡㅢㅣ] 표준어의 단모음(單母音)과 이중 모음이다.

| 아어오우으이애에.
가거고구그기개게.
나녀노누느니내네

1) 'ㅗ' : 고 노 도 로 모 보 소 오 코 토 포 호 꼬 뽀 쪼
2) 'ㅣ' : 기 니 디 리 미 비 시 이 지 치 키 티 피 히 끼 띠 씨 삐 지
3) 'ㅐ' : 개 내 대 래 매 배 새 애 재 채 캐 태 패 해 깨 때 쌔 빼 째
4) 'ㅔ' : 게 네 데 레 메 베 세 에 제 체 케 테 페 헤 께 떼 쎄 뻬 쩨
5) 'ㅜ' : 구 누 두 루 무 부 수 우 주 추 쿠 투 푸 후 꾸 뚜 쑤 뿌 쭈
6) 'ㅓ' : 거 너 더 러 머 버 서 어 저 처 커 터 퍼 허 꺼 떠 써 뻐 쩌 |

실전훈련 발음에 도움이 되는 훈련들

① <어려운 발음 연습하기 >

저기 가는 저 상장사가 새 상 상장사냐 헌 상 상장사냐.
칠월 칠일은 평창친구 친정 칠순 잔칫날

② <호흡을 길게 하는 훈련 >

호흡이 길어야 좋은 목소리를 낼 수 있다.

사람은 1분에 15회에서 18회 정도 호흡을 한다. 그런데 호흡과 수명은 밀접한 관계가 있다고 한다. 그러므로 호흡이 길다는 것은 체력이 좋다는 것이고 호흡이 길다는 것이다.

"아~" 하고 길게 뱉어 보자. 20초 이상을 끌어주는 것이 좋다.
중간에 숨을 쉬면 안 된다.

③ <티슈 발성법 >

배에다 힘을 주고, 복식호흡법으로 호흡을 하되, 손에 휴지를 잡은 다음 "후~" 하고 불어서 종이가 떨어지지 않도록 계속하여 "후~"하여 불어 날린다. 20회 이상 복식호흡으로 한다.

④ <나무젓가락 탁구공 호흡법 >

젓가락을 양쪽 어금니로 하나씩 물고 그 위에 탁구공을 올려놓는다.

그리고 복식호흡으로 "후~"하고 숨을 쉰다. 공이 바닥에 떨어지지 않도록 한다. 5분 정도 훈련을 한다.

⑤ <어려운 음가로 훈련하기>

뛰면서, 일어나서, 앉아서 등 어려운 음가를 복식호흡법으로 발음하고 발성하는 훈련을 한다.

"가, 거, 고, 구…."

⑥ <일회용 젓가락, 볼펜을 물고 연습하기>

젓가락을 입에 물고 글을 읽는 연습을 꾸준히 한다. 일일 10분 정도 하다보면 좋은 발음과 발성을 갖게 된다.

복식 호흡법 만들기
08 호흡법과 복식기법으로 파워 목소리 따라잡기

어떤 사람이 있다. 매사에 자신감이 없다. 그는 대인관계에 힘들어 한다. 항상 상대에게 끌려다닌다. 자신없이 말을 한다. 그의 문제는 무엇일까? 이는 호흡의 문제이다.
　반면 어떤 사람은 말을 잘한다. 항상 사람들을 끌어당긴다. 그의 말에는 힘이 있다. 이 차이는 어디에 있는 것일까? 이 역시 활발하고 강력한 힘이 나오는 호흡과 관련이 있다.

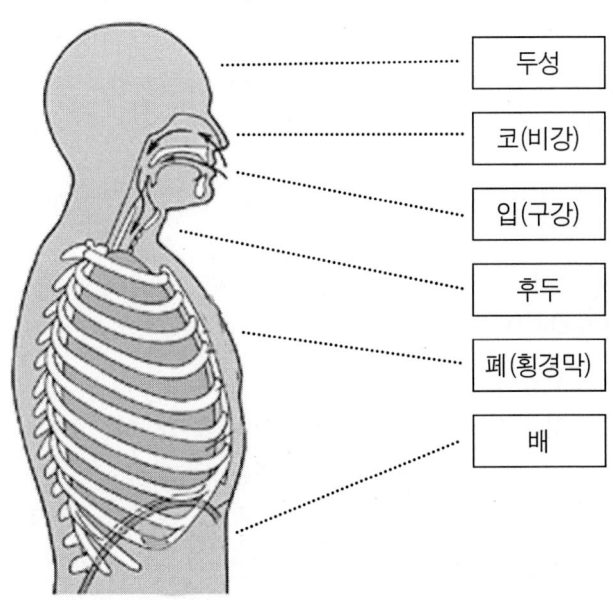

호흡법과 복식기법으로 파워 목소리 따라잡기 **175**

호흡의 세기

호흡이 생명이다.

목소리가 좋다는 것은 발음, 발성, 호흡 이 3가지를 잘 유기적으로 사용하는 것이다. 그러기 위해서는 호흡의 기관을 정확히 알아야 제 소리를 낼 수 있다. 그리고 소리를 낼 때 큰 도움이 된다. 다음의 이미지에서 해당되는 호흡 기관을 적어보라.

두 대의 선풍기가 있다고 가정해 보자.

<강><약>중 어느 바람의 세기가 더 힘이 셀까? 당연 <강>의 스위치를 누른 선풍기일 것이다. 강한호흡을 가진 사람과 약한 호흡을 가진 사람의 차이가 있을까? 현저한 차이가 있다. 그렇다면 아래의 원인은 무엇일까?

자, 어떤 사람이 있다.

"그는 매사에 자신감이 없습니다.
그는 대인관계에서 그리 당당하지 못합니다.
그리고 항상 상대에게 끌려 다닙니다.
그의 말투와 발음은 정확하지 못합니다.
그는 자신 없이 간신히 입을 우물거리며 주눅이 들어서 이야기합니다.

그의 문제는 무엇일까요?
호흡이 강한 사람일까요, 약한 사람일까요?"

질문의 답은 호흡이 매우 약한 사람이다. 강한 소리를 낼 수가 없다. 절대로 떨림, 초조, 불안 등을 극복할 수 없다.

일반적으로 호흡이 약하면 목소리가 약하다.

물에 빠진 사람을 건지게 되면 가장 먼저 확인하는 것이 이 사람이 숨을 쉬고 있는가 하는 것이다. 숨을 쉬고 있으면 그는 살은 것이고, 만일 숨을 쉬지 않는 다면, 그는 생명이 위험하기 때문에 그에게 억지로 인공호흡을 한다. 그래서 인공호흡이 성공하여 그 사람이 스스로 호흡을 할 수 있게 된다면 그는 살아나게 된다.

그런데 호흡에도 세기와 상태가 있다는 것이다. 어떤 이는 호흡이 아주 가늘고 약하다. 그리고 어떤 이는 아주 강하고 당당한 호흡을 한다.

이와 같이 호흡은 각 사람마다 다 다르고 특성이 있다. 곧 그 사람의 성품의 특성이다. 아래의 물음에 답해 보라.

▶ 건강한 사람의 호흡의 세기는? <   >

▶ 몸이 아프거나 중병에 있는 사람의 호흡 세기는? <   >

호흡은 그 사람의 건강 상태를 잘 보여준다. 호흡의 세기는 그 사람의 목소리와 밀접한 관계를 가지고 있다.

얼마 전 어느 노래가 너무 좋아서 인터넷으로 그 노래를 다운 받아 부르다가 그 가수가 좋아져서 이 사람은 어떻게 생겼을까. 하고 인터넷으로 보았더니, 내가 좋아하는 유형은 아니지만 노래 소리에 매료되어 그 가수의 이미지까지 좋아하게 된 것을 알 고 있다.

한 여성이 처음으로 선을 보러 갔는데, 그 목소리가 너무 좋고 신뢰감을 받아서 다른 부족한 것은 잊고 교제를 했다고 한다. 또 소리 지르기 훈련으로 건강을 되찾은 사람들의 이야기도 많이 있다.

나는 소리 지르기 훈련으로 자신만의 독특한 목소리를 찾았던 실례들이 많이 있다. 이는 다 호흡법과 그리고 호흡의 세기와 밀접한 관계가 있다.

기(氣)가 약하다

말에는 언어와 비언어가 있다. 다시 비언어에는 목소리가 포함되어 있다. 즉 목소리가 커뮤니케이션의 기능을 한다는 것이다. 그러므로 목소리가 그 사람을 판단하거나 첫 인상을 좌우하는 기준이 된다. 시각적인 언어도 중요하지만, 청각적인 언어도 매우 중요한 영향력을 발휘한다.

한의원에 가면 맥을 짚어보거나 또는 목소리와 눈동자를 보고는 "기가 약합니다."고 하면서 기를 강하게 해 주는 한약을 권한다.

또 대중 앞에 나가면 기가 질려서 말을 못하는 사람이 있다. 이는 모두 다 약한 기를 가지고 있기 때문이다. 그러므로 성공하는데 강한 목소리는 매우 중요하다. 맑고 또박또박하며 신뢰감 주는 목소리를 가지고 있다면, 분명 비즈니스에서 성공할 것이다. 내가 그랬다. 좋은 목소리, 열의가 있는 우렁찬 목소리는 성공 비즈니스를 약속할 수 있다. 출세를 앞당긴다. 불안증을 극복하게 된다.

단지 목소리만으로 상대를 내 편으로, 신뢰감을 주기고 하고, 끌리게 하는 능력을 갖고 있다는 것이다.

나는 상대의 소리만 들어도 그 사람의 건강상태를 알 수 있다.

환자의 목소리와 건강한 사람은 목소리만 들어도 알 수 있다. 대체로 환자들은 목소리가 작고 가냘프다. 그리고 건강한 사람은 당당하고 맑고 공명한 목소리를 가지고 있다. 따라서 기가 약하면 쉽게 질병에 걸릴 수 있으나 기가 강하면 강한 면역세포를 갖게 되어 건강해진다.

오음소리로 훈련하기

소리에는 '오음'이라는 것이 있다. "음~, 아~, 어~, 이~, 우~"이다. 그런데 이 오음은 나의 5장 6부와 관계가 있다는 것이다. 즉 심폐기관, 심장과 폐와 신체의 많은 부분에 직접적으로 관계가 있다. 그래서 이것을 한의학에서는 **오행원리**라 말하기도 한다.

음~ =	비장(왼쪽 갈빗대가 끝나는 곳에 위치)		
	비장이 약하면 울렁증 매스꺼움의 현상을 만들어 낸다.		
	위가 약하면 소리가 잘 안 나는 소리이다.		
아~ =	폐	어~ =	간
이~ =	심장	우~ =	신장

이처럼 오음은 각 신체의 5장 6부와 관계가 있다.

꾸지람과 비난은 사람의 에너지를 빼앗으며 기를 죽이고 호흡을 약하게 한다. 반면 칭찬과 격려, 사랑의 고백 등은 당연히 호흡이 여유 있고 넓어지게 된다. 강한 호흡과 기운을 갖게 된다. 기억하라. 웃음과 미소는 호흡을 좋게 만들어 준다.

그런데 타고난 목소리를 어떻게 바꿀 수 있을까. 각각 사람마다 천성적으로 타고난 고유의 음색이 있지만 얼마든지 훈련과 소리개발을 통해 기운이 넘치는 건강한 목소리로 바꿀 수 있다. 즉 훈련을 받으면 듣기 좋고 신뢰가 가는 목소리를 만들 수 있다는 말이다.

특히 오음소리 훈련을 통해 신뢰감을 주고 강한 목소리를 가질 수 있다. 따라서 수시로 "음~, 아~, 어~, 이~, 우~" 등의 오음을 내는 훈련을 통해 건강한 목소리를 만들어라.

> **실전트레이닝** 음, 아, 어, 이, 우 오 훈련하기
>
> 다 같이 "아~"
> 건강한 사람의 목소리는 소리가 맑고 힘이 있고 울림이 있다.
> 우렁차고 힘 있는 소리를 낸다. 그리고 긍정적인 말과 칭찬을 한다. 매사에 긍정적인 언어 표현을 하라. 늘 밝고 환한 얼굴과 미소를 지닌다.
> "음", "아", "어", "이", "우"

복식 호흡법과 흉식 호흡법 훈련하기

복식호흡법

복식호흡이란 숨을 배까지 깊숙이 채운 다음 입으로 뱉는 호흡을 말하는 것이다. 즉 자신의 폐에 공기를 많이 채워 배까지 확장시키는 것을 말한다.

숨을 들이마시면 마치 풍선이 부풀어오르는 것과 같은 것이다. 그리고 다시 숨을 천천히 내뱉는 것이다. 풍선에 있던 바람이 나가면서 수축되듯이 말이다. 이것을 흔히 배로 호흡한다고 말하는 것이다. 아무튼 배를 이용해 호흡을 한다. 그리고 단전호흡은 배꼽과 생식기의 가운데, 즉 아랫배에서 만들어내는 호흡법이다. 이도 복식호흡으로 충분히 가능하다.

의식적으로 복식호흡을 해야 된다. 복식호흡법의 순서는 다음과 같다. 그대로 훈련하면 좋은 목소리와 호흡법을 갖게 된다.

> 만화 이미지로 복식호흡 과정 그려 보기

- 다리를 어깨 넓이로 벌리고 두 다리에 균등하게 힘을 준다.
- 어깨는 힘을 완전히 빼고, 긴장을 푼다.
- 천천히 코로 숨을 들이쉰다.
- 이때 배로 공기가 흘러 들어간다. 배가 부풀려진다.
- 그리고 호흡을 멈춘다.
- 들이쉰 숨을 입으로 아주 천천히 내보낸다.
- 이때 편안하게 "~아"하고 소리를 낸다.
- 내쉴 때는 배가 천천히 들어가야 한다.

이렇게 호흡법을 10회 이상 훈련을 해야 한다.

흉식호흡법

흉식호흡이란 가슴으로 호흡하는 것을 말하는 것이다. 가슴의 위와 목에서 소리를 만들어 내는 것이다. 보통은 이 호흡으로 숨을 쉰다.

목에서 소리를 내면 허스키한 목소리를 내고, 목이 아프다. 그리고 소리가 갈라지는 것을 발견하게 된다. 가슴에서 호흡하여 소리를 만들어 내는 것이다. 그리고 두성(쇄골) 호흡법이 있다. 이는 아주 약한 호흡법으로 머리와 목에서 만들어내는 호흡법이다.

반면에 복식호흡을 하면 몸으로 공기를 진동시키고 안면 발성기관을 울려 말을 하므로 부드럽고 편안한 소리로, 공명하고 우렁찬 소리가 나온다. 이는 날숨의 원리, 숨을 내뱉으며 말하는 힘있는 소리를 말하는 것이다. 숨을 많이 들이마시고 조금씩 뱉으면 한 호흡 안에 들어갈 수 있는 단어도 많아지고, 단어의 전달력이 좋고, 소리도 명료해 진다.

사람이 소리를 내는 데는 목과 가슴 그리고 배가 활용된다.

그렇다면, 보통의 대화는 어디서 나오는 것일까?< 목 >

노래를 하거나 조금 큰 소리를 지를 때는 어디에서 나오는 것일까?
<가슴 >

아주 크고 높은 소리는 어디에서 만들어 내는 것인가?< 배 >

얕은 가슴호흡은 스트레스와 억압을 받고 있다는 것이다.

또 목소리에 힘이 없다면, 무기력하며 의욕이 부족하다는 증거이다.

그러므로 마음껏 자유자재로 소리를 내려면 소리 지르기 훈련을 통해 소리의 기운을 통제할 수 있는 능력을 갖추어야 한다. 소리로 내 몸을 다스릴 수 있다는 것이다.

얼마 전 최근의 면접에서 떨어지는 이유를 듣게 되었다. 면접에서 중요하게 보는 것은 그 사람의 외모와 말주변이라고 한다. 얼마나 커뮤니케이션을 능력을 갖추고 있는가를 가장 높은 항목으로 본다는 것을 잊지 말라.

실전트레이닝 규칙적인 계단 오르기 내리기

규칙적인 계단 오르기 운동을 한다. 몸도 마음도 건강해 진다. 운동을 하면 내 호흡법이 복식호흡법으로 바꾸어진다. 나쁜 기운을 밖으로 내보낸다. 그리고 폐활량이 넓어지고, 강한 기운을 얻어 힘찬 목소리를 낼 수 있게 된다.

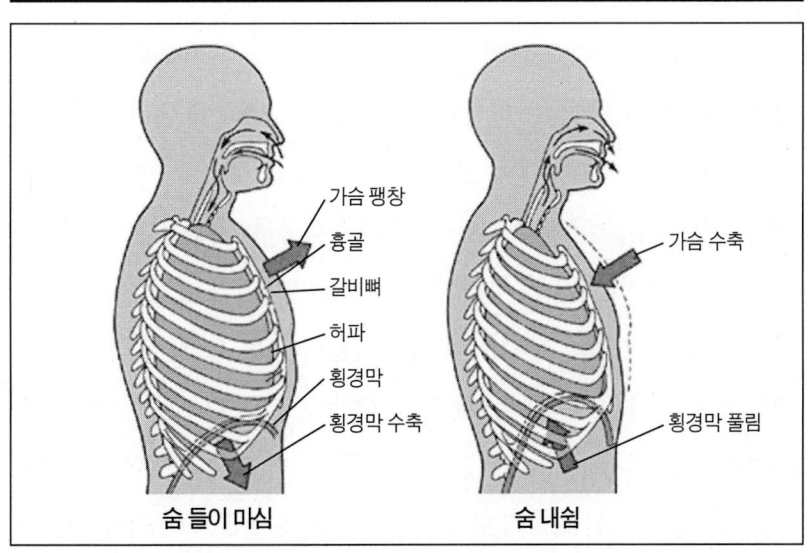

지금도 대인관계에서 고통을 겪는 사람들이 많다. 대인관계가 불편해하는 사람들이 있다. 그런가하면, 말을 함부로 하는 사람들이 있다. 자꾸 남을 지배하려는 사람이 있다. 날카롭고 공격적인 말투, 무례한 태도, 은근하게 비꼬는 것, 직접적으로 말로 찌르는 것, 정당하지 않은 요구 등 대인관계를 힘들게 하는 것들이 있다.

이러한 공격은 과연 어디에서 오는 것일까?

또 여럿이 있는 것을 불편해하는 사람들이 있다. 잘 아는 사람들과는 말을 잘 한다. 그러나 모르는 사람과 함께 있을 때는 말도 잘 하기 어렵고 행동도 부자연스럽다. 많은 사람들 앞에 서면, 아주 긴장하게 된다. 많은 사람들 앞에서 무슨 말을 해야 한다거나, 발표를 한다거나, 노래를 부른다거나 하는 상황이 되면 긴장이 되어서 입을 벌리는 것조차 힘이 든다.

처음 보는 이들을 보면 아주 어색하고 서먹서먹하며 무슨 말을 어떻게 해야 할지 몰라서 불편해 한다. 다른 사람의 눈을 쳐다보는 것도 힘들어한다. 그래서 시선을 어디다 둘지 몰라서 난처하게 여기게 된다.

그 원인은, 말하고 행동하고 자신을 표현하는 것은 모두 내 심령, 마음의 활동이다. 그런데 내 기운이 약하면, 사람들 앞에 서면, 내 영혼이 눌려서 그리고 묶여 있는 상태가 되어서 표현이 어렵고, 행동이 어색하게 되는 것이다. 결국 이런 약한 마음 상태를 가진 사람들은 사람을 사귀는 것이 쉽지 않다. 대인관계에서 어려움을 겪게 되므로 풍성하고 성공적인 삶을 살기가 어렵다. 강한 영혼의 사람에게 눌려있기 때문이다.

그러므로 반드시 소리의 중요성을 배우고, 훈련을 해야 한다.

소리 훈련, 호흡법, 복식기법 등의 훈련을 통해서 마음을 강하게 해야 한다.

여기 훈련법으로 많은 사람들이 자신감을 갖고 목소리에 변화를 갖게 되었다. 분명 최고의 파워 스피치 훈련 방법들이다.

호흡법이란 내 배안에 있는 나쁜 기운을, 소리를 내는데 방해가 되는 기들을 밖으로 내보내는 것이다.

> ..숨을 크게 들여 마신다.
> ..크게 숨을 내뿜는다.

나의 심령, 마음을 강화하기 위해서는 큰 소리로, 분명한 발성을 훈련하라. 크고 강하게 외치라. 강하고 분명한 소리에 익숙해질수록 더 강화된 자신의 소리를 들을 수 있게 된다.

배를 충전하는 호흡법

물이 배 안으로 들어가기 위해서는, 물을 들이 마셔야 한다. 그렇다면 공기를 배에 넣기 위해서는 어떻게 할까? 그리고 식중독에 왜 걸리는가? 나쁜 음식이 배 안에 들어갔기 때문이다.

마음, 심장이 약한 사람의 특성은 배의 힘이 약하다는 것이다.

"마음이 약하다" 표현의 반대가 되는 표현이 "배짱이 있다, 뱃심이 있다."는 것이다. 그러므로 뱃심이 좋은 사람은 쉽게 기가 죽지 않으며 쉽게 포기하지 않는다.

배를 강화시키는 훈련으로는 마음의 호흡법이 있다.

충분한 공기를 마시는 것이다. 마치 풍선에 바람을 불어 넣듯이 자동차에 기름을 넣듯이 충분히 깊이 호흡을 들여 마신다.

호흡을 조금만 내 쉬고 많이 들여 마신다.

배에 힘이 들어가는 듯이 느껴지게 된다.

속에 있는 나쁜 기운이 바깥으로 나간다.

신선한 기운이 안으로 들어간다.

> (1) 호흡을 들여 마신다.
> (2) 매일 5분에서 10분 정도한다.
> (3) 이러한 호흡법을 반복한다.

1~4를 셀 때까지 숨을 들이 쉬고, 1~2를 세는 동안 숨을 멈추고 최대한 길고 끊어지지 않게 "아~~" 소리를 낸다.

이 방법은 '소리를 먹는다'라는 말을 듣는 사람한테 특히 좋다.

그 효과로는 덜 피곤을 느낀다. 몸이 가볍고 부드러워진 것을 느낀다. 자신감이 생기며 여유가 생긴다. 무엇보다도 자신의 목소리가 달라진다. 목소리가 점점 굵어지고 부드럽고 윤택하게 된다. 말이 쉽게 흘러나온다. 묵직한 소리를 가지게 된다.

마음, 심령이 약한 사람의 특징 두 번째는, 소리가 약하고 시원하지 않다는 것이다. 목소리가 작은 것은 대체로 자신감의 결여의 문제이다.

이들의 음성은 대체로 가늘다. 심장이 약한 이들은 소리를 잘 지르지 못한다.

"야호~" "나는 할 수 있다." "나는 명강사다"

이는 낮은 목소리는 배에 에너지가 부족하다는 것이다. 목소리의 훈련은 곧 배를 훈련하는 것이다. 기본적인 훈련으로는, 배에 힘을 주고, 부르짖는 소리 훈련, 마치 사자의 으르렁거리는 소리와 외치는 소리다.

◀ 부르짖는 훈련 ▶

(1) 배에 힘을 주고 크게 외치는 것이다.
(2) 배에 힘을 주고 낮은 목소리로 외치는 것이다.
(3) 배에 힘을 주고 책을 읽거나 노래를 부르는 것이다.

실전트레이닝 활설법으로 훈련하기

활설법이란 '아에이오우'를 통해 연습하고 훈련하는 것이다. 발음을 명확하게 하는데 큰 도움이 된다. 입을 최대한 크게 벌리어 훈련을 해야 한다. "아", "아오우", "아에이", "아에이오우" 등, 입을 크게 벌리고 한 가지 당 10회 이상 훈련을 한다. 특히 입술 모양과 혀의 위치를 잘 고려해서 연습을 한다. 하루에 많은 훈련을 해야 한다.

자세는 그 사람을 보여주는 것

명강사, 파워 언변가 되는 필수 요건 중 하나가 거울을 준비하는 것이다. 즉 거울을 스승으로 삼아야 한다. 항상 거울 앞에 선 자신의 모습

을 봐야 한다. 자신의 자세를 한번 관찰해보자.

앉아있는 자세라든지 걸어 다니는 자세라든지 사람들과 대화를 할 때의 자신의 표정이나 자세를 혼자서 생각해 보라. 객관적으로 자신의 모습을 보라.

자세는 그 사람을 보여주는 것이다. 자세를 바꾸는 것은 자신의 마음을 바꾸는 것이다. 혹시 얼굴이 굳어있는 표현인가 보라. 얼굴의 표정이 경직되어 있거나, 굳어있거나 무뚝뚝한 모습인지 아닌가 보라.

가식이 없는 자연스러운 웃음과 표정이야말로 사람들에게 청량제가 되는 것이다. 나를 거울 앞에서 훈련을 해 보자, 거울 앞에서 안면근육을 가능하면 많이 사용하고 훈련하라. 좋은 표정과 인상 그리고 당당한 자세는 최고의 커뮤니케이션이다.

- 하루에 10분씩 거울 앞에서 바른 자세를 갖는 훈련을 한다.
- 허리를 똑바로 편다.
- 고개를 들고 하늘을 본다.
- 어깨를 활짝 편다.
- 눈을 분명하게 뜬다.
- 당당한 자세를 갖는다.
- 웃는 모습을 연습한다.

거울 앞에서 웃는 훈련

- 눈을 아주 크게 떠 본다.
- 입을 크게 벌려 본다.
- 활짝 웃어 본다.

- 부드럽게 미소를 지어 본다.
- 입을 꼭 다물어 본다.
- 뺨을 움직여 본다.
- 다양한 표정을 지어본다.
- 화를 내는 표정, 놀라는 표정, 즐거운 표정, 과장된 표정을 연기해 본다.
- 힘차게 팔을 뻗어 본다.
- 팔을 좌우로 돌려본다.
- 주먹을 강하게 쥐어 본다.

이 훈련을 충실히 그리고 반복적으로 하다보면, 안면근육이 부드러워지며 심장이 강화된다. 그리고 경직됨에서 자유로워지게 된다.

운동은 매우 좋은 효과를 가지고 있다.

마음이 약한 사람들은 대체로 몸에 힘이 약하다. 운동에는 지구력이 요하는 운동을 하면 좋다. 당연 호흡법에 도움이 된다.

오래 달리기, 줄넘기, 걷기 등 끈기를 키우는 운동이 좋다.

근력을 기르는 운동이 매우 좋다. 집에서나 사무실에 간단히 할 수 있는 것이 바로 팔 굽혀 펴기라든지 줄넘기, 걷기 등이다. 체조 와 같은 운동도 좋다.

실전트레이닝 | **달리기, 걷기, 줄넘기 훈련**

하루에 1000개 로 줄넘기 훈련을 한다. 줄넘기는 좁은 장소, 언제 어디서나 간단히 훈련을 할 수 있다. 나의 심장을 강하게 하고, 호흡법을 바꿀 수 있다. 좋은 공명한 목소리와 자신감을 갖게 해준다.

좋은 자세로 복식 호흡법 따라잡기

목소리는 우리 몸의 깊은 뱃속에서 나오는 소리와 가슴이나 목에서 나오는 소리로 구분할 수 있다.

흔히 흉식호흡이란 가슴의 위와 목에서 소리를 만들어 내는 것이다. 보통은 이 호흡으로 숨을 쉰다. 목에서 소리를 내면 허스키한 목소리를 내고, 목이 아프다. 그리고 소리가 갈라지는 것을 발견하게 된다.

반면에 복식호흡을 하면 몸으로 공기를 진동시키고 안면 발성기관을 울려 말을 하므로 부드럽고 편안한 소리로, 공명하고 우렁찬 소리가 나온다. 사람이 소리를 내는 데는 목과 가슴 그리고 배가 활용된다. 그러나 뱃속에서 목소리를 내기 위해서는 반드시 복식호흡을 연습해야 한다.

그러기 위해서는 복식호흡의 자세를 가져야 한다.

우선 자세를 바로 하는 것이 중요하다. 앉아 있거나 항상 등을 곧게 세우고 가슴을 펴고 손을 몸 옆쪽으로 똑바로 내리고 턱을 당기고 몸의 힘을 뺀다. 이 상태에서 코로 천천히 뱃속이 가득 찰 때까지 숨을 들이마신다. 그 상태로 3초 정도 숨을 멈췄다가 이번에는 입으로 천천히 내쉬며 뱃속의 공기를 전부 내보낸다. 이렇게 반복하여 연습을 한다.

알다시피 말더듬, 불안증, 초조 그리고 공포증, 대인관계의 결핍 등은 모두 다 호흡법에서 오는 문제이다. 그러므로 호흡법에 변화를 주고 바꾸면 얼마든지 여유를 갖고 굵고 또박또박한 발성을 낼 수 있다는 것이다.

사람들은 보통 흉식호흡으로 숨을 쉬고 말을 한다. 그러나 강의나 발표는 복식호흡으로 해야 건강하고 좋은 목소리로 전달 할 수 있다. 즉 배로 숨을 쉬는 것이다.

매일 꾸준히 5분에서 10분씩 훈련을 한다. 꾸준히 규칙적으로 해주어야 효과가 있다.

방법은 "호~호~"하는 것이다.

아랫배에다 힘을 주고 한 번은 길게 배에서 숨을 몰아 내 쉰다. 끊어서 말이다. "호~, 호~" 그리고 다시 호흡을 들여 마신다.

- 호~ 호~
- 흡~ 흡~

마찬가지로 끊어서 두 번 "흡~ 흡~"으로 코로만 숨을 들여 마신다.

그렇게 지속적으로 계속하여 복식호흡법으로 숨을 쉬며 운동을 하거나 걷는 연습을 한다. 운동이 복식호흡으로 숨쉬게 돕는 뛰어난 방법 중 하나이다.

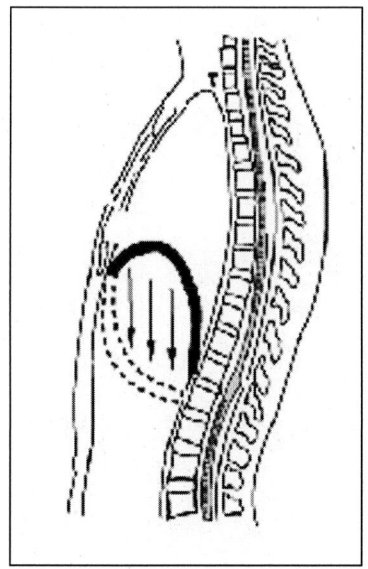

자세는 전신에 아무 데도 힘주는 곳은 없지만 하복단전 즉 배꼽아래를 든든하도록 힘을 주는 것이다. 그리고 호흡법은 숨을 들여 마시는 것이다. 배가 커지면 숨을 토하면 배가 들어오므로 들어가는 호흡을 하는 것이다. 꼭 숨을 들여 마실 때는 코로만 숨을 들여 마시는 것이다.

실전 훈련법으로는 걸으면서 호흡

훈련을 한다.

또 계단을 오르고 내리면서 하면 좋아진다. 그리고 달리기와 같은 운동을 하면서 해도 좋다.

1) 호흡기를 건강하게 하는 동작을 배워 보자.

이 동작은 호흡기를 시원하게 뚫어주는데 도움이 되는 동작이다. 우울하고 슬프고 지나치게 억누르는 감정은 명치에 쌓인다. 그러므로 감정을 바람결과 함께 날려 보내는 것이다.

① 팔꿈치를 몸 옆에 바짝 붙이고 눕는다.

② 양쪽 발끝을 벌리고, 팔꿈치를 바닥에 닿게 하고, 머리끝도 바닥에 닿게 한다.

③ 편안하게 머리, 팔, 손 등을 좌우로 흔들어 풀어준다.

④ 목을 뒤로 완전히 제치고, 숨을 마시고 내 쉬는 호흡을 한다.

2) 복식호흡의 생활화로 충농증, 비염, 천식 치유하기

요즘은 호흡기가 문제가 있는 분들이 많다. 다음의 '복식호흡'에 대해 꾸준히 매일 15분씩 생활화하면 좋은 효과를 볼 수 있다. 이 동작은 충농증, 비염, 천식에 도움이 된다. 그리고 건강을 다스리는데도 도움이 된다.

다음의 동작을 천천히 하셔야 도움이 된다. 자주 자주 반복하여 해 주시면 마음을 다스리는데 도움이 된다.

배를 풍선이라고 생각하시고 이 훈련을 하면 좋다.
숨을 마실 때 배가 나오고, 숨을 내실 때 배가 들어간다.

실전지침서 | 호흡법 훈련하기

동작 1

오른손 두 번째, 세 번째 손가락을 접는다.

동작 2

오른쪽 엄지손으로 오른쪽 코를 막고, 왼쪽 코로 숨을 내쉰다.
(천천히 숨을 마시고 고요하게 천천히 내 쉽니다.)

숨을 마신 다음 다시 오른쪽 네 번째 손가락으로 왼쪽 코를 막고 숨을 깊게 마셨다가 반대로 내쉰다. 정화를 위해서 한다.

오른쪽 코가 막혔을 때, 왼쪽 코를 막고 숨을 들이 마시고 내쉰다.
왼쪽 코가 막혔을 때, 오른쪽 코를 막고 숨을 들이 마시고 내쉰다.

09 나만의 음색 발견하기
파워 목소리 스피치 자가 점검 10가지

누구나 유창한 말꾼이 되기를 원한다. 말을 맛있고 매끄럽게 그리고 정확하게 전달하기 위해서는 몇 가지의 주의사항과 훈련을 통해서 얼마든지 극복할 수 있다. 먼저 사람들 앞에서 당황하지 않고 당당하게 이야기할 수 있는 비결을 말하기 전에 이야기가 재미없는 이유부터 말하겠다.

흔히들 이야기가 재미없는 이유는, 다음으로 시작하기 때문이다. 그러므로 당신도 조심하여 이런 오류를 범하지 않도록 하라.

(1) 이야기가 전체적으로 한 톤으로 말함으로 밋밋하다.
(2) 내용이 너무 이론적이고 추상적이다.
(3) 듣는 사람과 아무런 관계가 없는 내용이다.
(4) 유쾌한 웃음과 유익이 없다. 즉 감정이입과 자유함이 없다.

그렇다면 어떻게 해야 할 것인가?

다음의 네 가지 요인을 개선하면 사람들은 당신의 이야기에 빨려들게 될 것이다. 좋은 말꾼이 될 수 있을 것이다. 힘들지만 훈련과 연습을 통해서 극복하고 더욱 강화시켜라.

여기 4가지 극복할 수 있는 훈련 지침들이 있다.

① 능숙 능란한 음성표현의 조절 능력

음성표현이란 이야기의 흐름 속에 강약, 완급, 고저 등의 변화를 주는 것을 말하는 것이다. 좋은 말꾼은 반드시 강약고저의 기능을 갖고 능숙하게 통제할 수 있는 능력을 갖고 있다.

- 상황에 따라 내용에 맞게 목소리를 바꾼다.
  - 국어책 읽듯이 밋밋하게 읽으면 재미가 없다.
  - 평소 소리 내어 음성 연습을 한다.
- 쾌감을 주는 템포로 이야기한다.
  - 불필요한 말버릇을 없앤다.
  - 평소에 책을 자주 읽고 어휘력을 키워 둔다.
- 노래하듯이 강약과 완급을 조절한다.
  - 리듬을 주어 말하고 표현한다.
  - 노래하듯이 때로는 감정을 이입하여 말한다.
- 억양을 주어 현장감을 살린다.
  - 톤, 음색, 굵기 등의 억양을 준다.
  - 현장감 있게 말한다.

② 구체적으로 묘사하는 능력

내용을 아주 구체적으로 묘사할 수 있는 훈련을 통해 상세하게 마치 듣는 사람이 내용이 그려지듯이 실감나고 자세히 묘사할 수 있어야 한다. 이는 듣는 사람에게 이미지의 폭을 넓혀 주기 위해 비유나 직유법을 사용하기도 하고, 현장의 분위기를 생생하게 살려줄 수 있는 다양한 표현방법을 사용하기도 한다. 국어적으로 어법에 맞게 묘사한다.

③ 듣는 사람의 체험인 것처럼 표현하는 능력

설상 자신의 체험이 아니라 하더라도 마치 자신의 경험인 양, 듣는 사람의 체험인 양 설명하기도 하고, 적절하게 질문을 주고받아 청중의 주의를 끈다. 동질감을 느끼도록 한다. 마치배우처럼 말이다.

- '여러분' 보다는 '우리' 라고 부른다.
- 간결한 질문형을 사용한다. "한국의 수도는 어디지요?"
- 다짐을 한다. "그렇죠?" "맞습니다."

④ 이야기에 웃음을 가미하는 능력

지루하지 않도록, 우스갯소리나 유쾌한 유머를 주고받아 싫증나지 않게 이야기를 전개한다. 이것은 대단한 노력과 능력이다. 이런 사람들을 말을 잘한다고 하는 것이다.

미국의 속담에서는 '웃음이 없는 연설은 범죄이다."라는 말까지 나오고 있다. 그러므로 평소 적절한 유머를 수집하고, 사용해 보는 노력이 필요하다. 그리고 내용에 2번 정도 가미하는 능력을 요한다.

유쾌한 유머 능력이 말을 잘하게 하는 능력이기도 하다.

> **실전적용** 자신의 목소리를 녹음해서 들어보자

자신의 이야기를 소형 녹음기를 통해서 녹음해서 들어보자. 휴대폰, MP3로 녹음해도 좋다.
그리고 자신의 목소리에 개선해야 할 점이 발견되면 바로바로 고쳐 나가자. 녹음 시작!!
- 이야기를 전개하여 말해 본다.
- 5분 스피치를 한다.
- 주제를 발표한다.

> **확인체크** 말을 할 때 듣기 어렵게 하는 나쁜 언어 버릇 6가지

나에게도 아래와 같은 나쁜 언어 버릇이 있는지 먼저 살펴보자.
① 목소리가 작다.   ② 말이 빠르다.
③ 말꼬리를 흐린다.   ④ 억양에 나쁜 버릇이 있다.
⑤ 음질이 좋지 않다.   ⑥ 목소리에 군더더기가 있다.

이제부터 나의 목소리, 스피치를 들어보라. 자신의 목소리 상태, 스피치의 기질을 파악해야 더 좋은 목소리에 컬러를 입힐 수 있다.

1) 명스피커가 되는 비결 10가지

아래의 항목은 명 스피커가 되기 위해서 반드시 갖추어야 할 요소들이다. 다음의 항목에 자신의 대답을 써 보자. 체크해 보라.

번호	항 목 내 용	체크
1	자신을 구속하는 껍질을 깨고 자연스럽게 스피치를 하는가?	☐
2	남의 것을 흉내 내지 않고 자신의 독특한 개성을 살리고 있는가?	☐
3	스피치에 내 진심과 열정을 투입하고 있는가?	☐
4	나는 철저히 준비하였는가?	☐
5	기쁜 마음으로 성실성을 가지고 말하고 있는가?	☐
6	누구나 알기 쉬운 용어를 사용하고 있는가?	☐
7	나는 명료하고 정확한 발음을 하고 있는가?	☐
8	나는 청중의 심리와 욕구가 무엇인가를 충분히 파악하고 있는가?	☐
9	나는 발표불안 현상을 가지고 있는가?	☐
10	나는 자신감을 갖고 스피치를 하고 있는가?	☐

2) 나의 심령(마음) 상태 자가 점검하기(self check)

평소 나의 심령(마음) 상태가 어떤지 정확히 파악하는 것이 매우 중요하다. 나의 심령 상태를 스스로 점검해 주시기 바란다. 그리고 그 원인이 무엇인지를 파악하고 난 후 그 문제를 해결하는 훈련이 필요하다.

번호	항 목 내 용	체크
1	평소에 근심이 많다.	☐
2	귀가 얇아 무엇인가에 잘 빠진다.	☐
3	의지와 결단력이 약하여 오래가는 것이 없다.	☐
4	두려움을 쉽게 갖는다.	☐
5	사소한 말 한마디에 쉽게 상처를 받는다.	☐
6	새로운 사람과의 대인관계가 피곤하다.	☐
7	삶이 무기력하다.	☐
8	강한 사람의 목소리만 들어도 가슴이 뛴다.	☐

번호	항 목 내 용	체크
9	평소에 자신이 싫어하는 것을 남들이 요구할 때 잘 거절하지 못한다.	☐
10	하고 싶은 이야기가 있어도 막상 하지 못한다.	☐
11	남의 눈치를 지나치게 보느라고 말이나 행동을 못한다.	☐
12	어떤 일에 열심히 하다가 조금 지나면 그 열정이 금방 식어버린다.	☐
13	막상 사람들 앞에 서면, 해야 할 말을 까맣게 잊어버린다.	☐
14	사소한 일에도 아주 신경을 많이 쓰고 잠도 잘 못 이룬다.	☐
15	말이 많고 말이 빠르다.	☐

- 위에서 체크된 항목은 몇 개? 〈   〉
- 지금의 상태는 어떤가? 〈   〉
- 그 항목의 원인이 무엇이라 생각하는가? 〈   〉
- 상담을 원하는가? 〈   〉

3) 나의 나쁜 언어습관 자가 점검하기(self check)

나의 나쁜 언어습관은 어떤지를 점검해 보자.
먼저 잘못된 언어습관을 파악해야 교정이 가능하기 때문이다.

번호	항 목 내 용	체크
1	이야기의 말끝을 흐린다.	☐
2	말의 시작, 중간에 군소리를 넣는다. "어, 그러니까, 글쎄, 어, 응.., 저~, 말이야!, 저기~, 그래서, 역시"	☐
3	똑같은 말을 반복하여 말한다.(중언부언(重言復言))	☐
4	말하는 중간에 이상한 음이나 헛기침을 한다. (억양에 나쁜 버릇이 있다.)	☐
5	목소리의 음질이 좋지 않다.	☐
6	말에 아무런 강약고저의 변화를 주지 않는다.	☐
7	말이 빠르다. 또 말이 너무 느리다.	☐

번호	항 목 내 용	체크
8	표현에 아무런 표정이 없다.	☐
9	평상시 목소리가 매우 작고 가늘다.(떨림증, 공포증, 불안증)	☐
10	자신감의 결핍으로 인한 외적인 문제를 갖고 있다.	☐

- 나의 나쁜 언어 습관은 어떤 것들이 있는지 말해보라. 〈   〉
- 스스로 보기에 원인은 무엇이라 생각하는가?   〈   〉

4) 나의 내면 관찰하기

☐ 평소에 자신이 싫어하는 것을 남들이 요구할 때, 잘 거절하지 못한다.
☐ 하고 싶은 이야기도 있어도, 막상 그 자리에서 말을 하지 못한다.
☐ 남의 눈치를 지나치게 보느라고 말이나 행동이 불편하다.
☐ 무엇인가에 잘 빠져서 열심히 하다가도 조금 지나면,
  그 열정이 금방 식어버린다.
☐ 막상 사람들 앞에 가면, 마땅히 해야 할 말을 잊어버린다.
☐ 항상 남을 의존해서, 무엇이든 스스로 결정하지 못하고 남에게 의존
  한다.
☐ 대인관계가 피곤하고 짐이 된다고 느낀다.
  점차로 모든 관계를 싫어진다.
☐ 대체로 삶이 우울하고 어두우며 비관적이다.
☐ 마음속에는 많은 생각들이 오고 가고 있지만,
  현실적으로 몸과 행동은 잘 따라주지 않는다.

내면관찰 항목에서 하나라도 체크된다면, 다음 훈련으로 약한 마음을 강하고 담대한 마음으로 강화시키는 훈련에 전력투구해야 한다. 그렇지 아니하면 평생 대인관계에서 고통을 겪게 된다. 어려움을 당한다.

심장이 약한 사람은 쉽게 툭툭 던지는 사람, 공격적인 한 마디의 말을 듣는 순간, 강한 스타일의 사람의 말 한마디에도 가슴이 떨리고 숨이 막히며 두근거리게 된다. 그러므로 인생이 힘들어지게 된다. 사람을 만나는 것이 싫어진다.

5) 발표 능력 자가 진단표(관찰)

자신의 강의, 발표를 관찰할 때는, 타인에게 관찰하게 하고 개선해야 할 점들을 발견하는 것이 명강사가 되는 첫 번째 지름길이다. 좋은 훈련 과정이다.

자신의 발표력의 장단점을 알고 있는 것은 매우 중요하다.

번호	표정	상태
1	나의 목소리 크기는 적절한가?	
2	말하는 강약속도가 적당한가? 즉 리듬감이 있는가?	
3	발음은 또박 하고 정확한가?	
4	목소리에 악센트 효과가 들어가 있는가?	
5	목소리에 감정이 들어가 있는가? (감정이입 능력)	
6	몸동작의 효과를 주고 있는가? (제스처)	

번호	표정	상태
7	시선처리 능력, 말할 때 사람들의 얼굴을 살펴보는가?	
8	시각적 효과가 있는가?	
9	강의에 열의가 느껴지는가?	
10	강의에 준비된 시작과 끝이 있는가?	
11	청중들이 참여할 기회는 주는가?	
12	청중들을 적절히 칭찬하고 격려했는가?	
13	호기심, 기대감, 동기부여로 유도하는가?	
14	발표 시간을 잘 지켰는가?	
15	발표에 끝맺음(결론)이 있었는가?	
합산 결과(만점 150점)		

각 항목마다 10점 만점으로 점수를 합산하여 결과를 내라.
15항목의 점수를 합산 결과 100점이 넘으면, 가능성이 있는 것이다.
열심히 노력만 하면 개선이 가능한 점수이다.
그 이상은 아주 우수한 발표자이다.

6) 나의 말투 점검하기

나의 말투는 긍정적인가, 아니면 부정적인 말투인가. 성공하는 사람들의 공통적인 말투는 긍정형 말투이다.

그런데 호감을 주는 말투는 바로 긍정형 단어에서 시작된다.

실패하는 사람의 말투- 부정형	체크	성공하는 사람의 말투 - 긍정형	체크
• 힘들다	☐	• 기쁘다	☐
• 죽겠다	☐	• 된다. 해보자	☐
• 안 된다	☐	• 할 수 있다	☐
• 피곤하다	☐	• 훌륭하다	☐
• 할 수 있을까	☐	• 잘 한다	☐
• 안 돼, 새로운 것은 싫어	☐	• 좋다	☐
• 그것 다 알아, 해 봤어	☐	• 행복하다	☐
• 어렵다	☐	• 대단하다	☐
• 다 틀렸다	☐	• 가능하다	☐
• 헛수고다	☐	• 옳다	☐
• 큰일 났다	☐	• 내 편이다	☐
• 못 하겠다	☐	• 건강하다?	☐
• 내 주제에!	☐	• 하나님은 내 편이다	☐

- 위의 말들 중에서 나는 어떤 말투로 더 많이 사용하는가?
    - 긍정형 말투 [   ]
    - 부정형 말투 [   ]

7) 스피치 자기 평가서

다음의 언어적 요인과 비언어적 요인을 잘 구성하여 구체적으로 평가함으로서 스피치의 능력을 개발할 수 있다. 스피치의 세부 구성요인은 아래와 같다.

항목	스피치 자가 평가	평가내용
콘텐츠	1. 스피츠의 목표와 주제는 명확했는가? 2. 스피치의 아이디어와 정보가 훌륭했는가? 3. 다양한 종류의 자료를 준비했는가? 4. 내용이 청중의 흥미, 지식 정도, 태도에 적당한 것이었나? 5. 충분히 연구한 흔적이 있는가?	
조직 구성	6. 도입부, 서론은 청중의 흥미를 유발했는가? 7. 스피치의 주제를 강조하여 말했는가? 8. 서론, 본론, 결론 등으로, 잘 전개되었는가? 9. 결론이 잘 마무리 되었는가?	
언어 스타일	10. 구어체, 대화체 스타일이었는가? 11. 표현력이 좋았는가? 12. 강약고저 등의 언어가 생생했는가? 13. 언어 스타일은 청중에게 적절했는가?	
전달	14. 열정적으로 보였는가? 15. 청중을 보고 말하였는가? 16. 자연스럽게 말하였는가? 17. 발음과 발성, 억양이 적절하였는가? 18. 좋은 자세를 보여주었는가? 19. 몸 움직임과 제스처는 적절했는가? 20. 청중의 반응은 좋았는가?	
평가	A:훌륭함 B:좋은 C:만족 D:보통 E:부족함 F:노력이 필요	

8) 자기 개발 프로젝트 체크

습관은 제2의 천성이다. 그러나 습관은 제1의 천성을 파괴시킨다. 나쁜 습관은 버리고 좋은 습관을 누가 더 많이 가지고 있느냐에 따라 성공이 결정된다.

다음은 자기개발 프로젝트 체크표이다. 꾸준히 하다보면 개발된 자기의 모습을 보게 된다.

결과 점수									
12주									
11주									
10주									
9주									
8주									
7주									
6주									
5주									
4주									
3주									
2주									
1주									
기간 항목									

• 기간과 항목은 개인의 조건과 목표에 따라 변경 및 조정될 수 있다.
- 습관은 반복적이고 매일 마다 체크할 수 있는 능력이 필요하다.
- 습관을 정복할 수 있다면 당신은 성공할 수 있다.
- 습관은 모든 성공의 원천이자 힘이다.
- 항목 :

메모하기, 책 읽기, 칭찬하기, 인사하기, 관계 맺기, 묵상하기, 운동하기, 전화하기, 성경읽기, 구호외치기, 문자 보내기, 컴퓨터사용하기, 봉사하기, 선물하기, 청소하기, 소리내기, 호흡과 배출하기, 자화상회복하기, 일찍 일어나기, 들어주기, 가족과 함께하기

- 기간 : 12주 안에 나의 기질을 성공의 기질로 바꾼다.

9) 스피치&전달법 크리틱 시트(Critique Sheet:비평용 설문서) 이용하기

이름				
평가내용	Bad 3-4	Medium 5-6	Good 7-8	Excellent 9-10
인사				
도입부				
제스처(몸짓)				
시선처리				
음성/발음 정확성				

속도(강약고저)				
다양성				
청중반응도				
열정/자신감				
준비상태				
외모&외형(첫인상)				
편안함/자유함				
발표 태도				
어휘의 적절성				
내용(논리성)				
마무리(결론)				
합 계				
논평(코멘트)				

각 항목별 최고 10점으로 하여 합계 100점 만점으로 평가를 한다. 또한 시트 밑에 구체적인 논평을 써서 제공한다.

10) 명강사 따라잡기 훈련 프로젝트

명강사는 훈련 없이 이루어질 수 없다. 12주간의 훈련을 따라가다 보면 자기도 모르는 사이 스피치 능력이 향상됨을 느낄 것이다. 완벽한 스피커가 되어 있을 것이다. 다음이 기본 원칙을 매진하여 훈련하라.

기간 항목	A	B	C	D	E	F	G	H	I	J	K
12일											
11일											
10일											
9일											
8일											
7일											
6일											
5일											
4일											
3일											
2일											
1일											

A: 스피치 훈련계획 세우기

B: 자기 진단하기

C: 발음발성 훈련하기(신문읽기, 녹음하여 들어보기)

D: 표현력 연습하기(5분 일상생활을 내 언어로 표현하기)

E: 자기소개하기

F: 정보전달 스피치 해보기(전공 설명, 구성에 맞춰 스피치 원고 작성)

G: 발음, 발성, 표현력 연습 반복하기

H: 설득 스피치, 3분 스피치 훈련하기

I: 개요서 작성하여 스피치 실행하기

J: 리허설을 통해 평가받기

K: 자신을 격려하며 자신감 고취하기

실전훈련 축하 격려사 훈련하기

주제: 축하의 격려사
발표시간: 3분 스피치
발표자: 조의 팀장

함께 모여서 초고를 만든다. 특히 시간을 고려하여 3분의 내용으로 구성한다. 완성된 초고를 가지고 도입부(서론), 본론, 결론의 구성으로 요점 정리한다. 초고는 이야기체로 작성한다.

초고

1	2	3	4

서론

1.
2.
3.

본론

1.

2.

3.

결론

1.
2.

 발표는 요점을 정리한 개요서만을 사용하기로 한다. 또는 무원고로 발표한다. 모든 사람들이 3분 축사 훈련을 한다.

10 정보를 활용하는
10가지 훈련으로 목소리 스피치 컬러화하기

명 연설자는 속담이나 고사성어, 또는 유익한 정보를 활용하는 능력이 뛰어나다. 청중을 주목시키는 힘은 바로 다양한 활용 능력에 달려있다. 어떤 모임이나 만남에서 별안간 스피치를 요청받았을 때, 축사나 발표 자리에서 첫머리에 사용할 수 있는 명언이나 속담을 활용하는 습관을 준비해서 언제든지 상대의 주의를 끌 수 있어야 할 것이다. 그러므로 명언이나 속담, 격언, 고사성어, 원리 등은 함축성이 있으므로 뒷말을 계속 이어나가기 쉬운 편이다.

책을 읽거나 다른 사람의 말을 듣다가 여운이 남는 명언이나 격언 같은 것은 항상 수첩에 적어 두는 습관을 갖도록 한다. 그리고 항상 그것을 지니고 다니는 것이다. 그러다가 상황과 그 자리에 맞는 내용을 활용해 본다. 분명 사람들이 당신의 말에 맛을 느낄 수 있을 것이다.

훈련 ① 평소 좋은 문장, 예화, 인용문을 만들어 활용하라

비유하는 기술, 직유법, 은유법, 과장법, 풍자, 흉내, 행위묘사, 예화, 인용 등으로 대화를 더 명확하고 더 생생하게 이해하도록 해준다. 끌어당기는 힘을 갖고 있다. 따라서 다음의 다양한 좋은 문장을 만들어 활용하면 더욱 능력있는, 사람들에게 독특한 인상을 주는 파워 스피커가 될 수 있다. 전달에 능력을 더 한다.

주제에 맞는 예화 넣기 : <예화> :
예화는 청중으로 하여금 연설을 알아듣기 쉽게 하는 방법 중 하나이다. 만일 이러한 능력이 없다면 학자로서는 성공할지 모르나, 대중을 사로잡는 스피치 전달자로서는 실패할 수밖에 없을 것이다.

대중의 연설이 그렇다. 구체적인 예로 상대를 이해시켜야 하기 때문이다. 예화를 잘 선택하고 능력있게 전달하면 삶에 적용하는데 큰 효과를 얻을 수 있다. 그래서 "예화를 창문과 같다"고 말 한다.

세계적인 설교학 교수인 "해돈 로빈슨", 그는 스피치 커뮤니케이션을 전공했다. 그가 알려주는 좋은 스피치와 전달력을 갖추려면, 우선 "큰 소리 내어 글을 읽는 훈련을 하라"는 것이다. 그렇다. 좋은 목소리와 발성을 갖추는 지름길은 좋은 문장이나 유익한 글을 큰 소리를 내어 읽는 것이다. 신문의 사설이나 에세이의 글, 좋은 문장을 규칙적으로 읽는 것이다.

그는 추가로 많은 효과적인 전달법 요소 중에 "예화를 폭넓게 사용하라"고 권고하고 있다. 꼭 기억하라. 명 스피커가 되고자 한다면, "사람들은 사상보다 원리보다 개념보다 교육보다 체험의 이야기를 더 좋아한다"는 사실을.., 잊지 말라.

예화가 가지고 있는 가치로는,

    첫째, 주제 내용을 명쾌하게 해 준다.

    둘째, 연설 내용의 흥미를 돋구어 준다.

    셋째, 중요한 내용을 기억하게 한다.

그렇다면, 예화를 어디에서 얻을 수 있는가?

다양한 사람들과의 만남, 성경, 광범위한 독서, 예화집, 신문, 잡지, 개인의 경험, 자연, 관찰, 상상 등에서 보조 자료를 얻을 수 있다. 그리고 예화 자료를 수집하고 관리하는 방법이 필요하다. 그래서 필요한 예화를 사용하는 것이 중요하다.

주의사항으로 예화는 연설의 목적이나 주제와 회중들에게 적당해야 한다. 그리고 이용되는 예화들은 사실이어야 한다는 것이다. 예화 사용 시기는 일반적으로 시작 후 5분과 끝나기 전 5분에 각각의 예화가 사용되곤 한다. 그러니까 한 연설에서 2,3개의 예화가 좋다는 것이다. 하지만 그 시작점은 규정화 할 수 없으며 대화의 상황에 적절하게 삽입할 수 있다.

신뢰를 더해주는 <인용>문 넣기

인용법은 다른 사람이 나와 같은 의견이나 주장을 보다 효과적으로 표현했을 때, 우리는 그의 말을 인용하게 된다. 듣는 사람들의 가슴에 깊이 박힐 수 있으며 또한 자기의 말을 보다 권위 있게 만들기 위함이다. 일반적으로 인용문은 짧고 간단해야 한다. 긴 인용문은 자기 말로

바꾸어서 사용하든지, 아니면 중요한 문장만 뽑아서 사용할 수도 있다. 다양하고 많은 독서를 통해 얻을 수 있으며, 수집과 실전으로 해보는 능력이 꼭 필요하다.

케네디 미국 전 대통령이 취임사에서 했던 인용문이다.

"나라가 여러분에게 무엇을 줄 것인가를 묻지 말고, 여러분이 나를 위하여 무슨 일을 할 수 있을까를 물어주십시오."

러시아의 대 문호 도스트 예프스키가 의 인용된 말이다.

"인간은 어떤 경우에도 타인에게 속는 경우보다는 자기가 자기에게 거짓된 모습을 보일 때가 많다."

인용문을 내 것으로 만들려면, 수시로 대화의 상황에서 사용해 보는 것이다. **인용문 사용하는 요령으로는,**

보통 예) "링컨 대통령이 말하기를"
"성경은 말하기를"
"조선일보 10월 5일자 신문을 보니"

좋은 예) "이것이 링컨 대통령이 우리에게 말하고자 하는 것입니다."
"이 말씀을 하나님께서 말씀하시기를"
"국내 최고의 신문이 예리한 관찰로 얻은 기사를 보면"
"미국의 16대 대통령 아브라함 링컨이 강조한 성공 비법은"

다음은 완전하고 좋은 속담 인용 예를 보겠다.

"항상 좋은 일만 있는 것은 그 사람에게 해가 된다."는 뜻으로, 다음의 아랍 속담을 인용하여 쓸 수 있다.

"항상 햇빛만 비추면 사막이 생길 뿐이다."

결과적으로 명 연설자, 훌륭한 언변가, 그리고 좋은 목소리를 가진 파워 스피커는 내용과 연관된 많은 인용구를 삽입하여 쓴다는 것이다. 그런데 좋은 예화나 인용문을 활용하는 파워스피커는 평소 많은 독서량이 있었기에 가능했던 것이다. 그러므로 적어도 하루에 40분 이상은 독서를 해야 한다. 꾸준히 독서를 통해 감동적이며 사람들의 마음을 찌르는 예화와 인용을 활용할 수 있다.

다음은 실전 훈련 인용문으로 활용하여 좋은 발표 문장을 완성해 보라. 호소력이 있는 완전한 발표 문장을 만들어 사용해 보라.

실전지침서 　실전훈련 인용문 활용하기

〈링컨〉

"나는 더디게 가는 편입니다. 하지만 뒤로 가지는 않습니다."

"하나님이 지키시는 이 나라는 새롭게 자유를 탄생시켰으며, 국민의, 국민에 의한, 국민을 위한 정부는 이 땅에서 사라지지 않을 것이라고 말입니다."

<나폴레옹 힐>

"확고한 목표나 소망이 단호히 행동으로 옮겨졌을 때, 꿈은 실현될 수 있다"

<다른 이들의 말>

"막다른 길은 발전의 첫걸음이 된다."

"인생에는 헛된 것이란 있을 수 없다."

<감탄어>

"아! 얼마나 슬픈 일입니까?"

"헐!" "짱!"

<반복어, 강조어>

즉 강조하고 싶은 단어를 두세 번 같은 구절을 되풀이한다.

"여러분은 힘을 기르소서, 힘을 기르소서,"

<점진적으로 고조시켜라>

"인간은 자신을 실패작이라 생각하기 때문에 술을 마시고,

술을 마시기 때문에 더욱 철저하게 실패합니다."

<의문기법> - "믿어지십니까?" "그가 정직한 사람입니까?"

<기발한 말로 자극을 준다.> - "소가 웃을 일이다"

<핵심적인 개념만 노출시킨다.> - "못 살겠다 갈아보자"

<오프라 윈프리>

"만일 당신이 누구보다도 많은 것을 가지고 있다면, 그것은 축복이 아니라 사명입니다.

그것을 가지고 꼭 도움이 필요한 사람에게 도와주라는 하나님의 명령인 것이다."

<로마> - "유아 교육에 하는 투자보다 더 생산성이 있는 투자는 없다"

훈련 ② 연결사, 접속사, 전환어를 활용하라

다음의 다양한 연결사, 접속사, 전환어들을 적절히 사용할 수 있어야 좋은 스피치가 될 수 있다. 나의 처음 말의 마디가 아래의 단어들로 시작되는지를 비교해 보고, 지속적인 훈련을 통해 문장으로 만들어 연습을 해야 강한 전달자가 될 수 있다.

  구와 구, 절과 절을 연결해 주는 연결어, 문장의 흐름을 바꾸어주는 전환어는 하나의 아이디어에서 다른 아이디어로 나아갈 때 사용되는 것이다.

단연코, 무심코, 익히, 더러는, 이따금씩,
같은, 워낙, 본 말씀은, 먼저, 그리고,

따라서, 마찬가지로, 그 결과, 한편,
역시, 대단히, 도저히, 왜요?, 만약, 스스로,

그런데, 그러므로, 그럼에도 불구하고, 그러나,
역사적 배경을 살펴보면, 그 당시의 상황을 보면,

그리고 나서, 즉, 또한, 특히, 그것은, 때로는,
조건부 허락으로, 우리는 여기에서, 우리는,

첫째, 둘째, 하나, 둘, 우선, 첫 번째, 두 번째,
궁극적으로, 항상, 그러한, 이러한 예언은, 그렇지만,

여러분은, 너는, 당신은, 저와 여러분은, 모두, 함께,
이와 같이, 동시에, 한편, 다른 한편으로,

VOICE

이것은, 저것은, 그것은,
뿐만 아니라, 이런 결과는, 특별히,

만약, 예를 들어, 가정한다면, 이와 대조적으로,
다시 말해서, 그리하여, 그러자, 결국, 매일,

동시에, 가장 중요한 까닭은, 한 가지 분명한 것은,
궁극적인 목적은, 무엇보다도, 항상, 늘, 자주, 더구나,

실제로, 사실은, 적어도, 이전에는, 평소에는,
다른 때에는, 반면에, 게다가, 마치,

because(왜냐하면),
Instead(대신), therefore(그러므로), For example(이를테면),
In fact(사실상)
의문어(when, where, how, what)

단연코 : 한국의 교육열은 단연코 세계 1위이다.

무심코 : 그는 무심코 건넨 친절한 말에 감동을 받았다.

익히 - : 는 익히 들어 잘 알고 있습니다.

더러는 : 더러는 이 얘기를 믿지 않는다.

이따금씩 있었던 ~ :

같은 : 다이너마이트와 같은 능력을 부어주옵소서.

워낙 : 워낙 촉박하다보니

본 말씀은 : 본 말씀은 본서의 서론에 해당하는 부분으로, 주인공인 이순신 장군의 성격을 상세하게 설명하고 있습니다.

먼저 : 먼저 역사적 배경은 조선 후기의 시절입니다.

그리고 : 그리고 왕은 포로로 잡혀 갔습니다.

그런데 : 그런데 그들은

그러므로 : 그러므로 이순신 장군은 분명히

그럼에도 불구하고 : 그럼에도 불구하고

따라서 : 따라서 우리는 이미 여기에서 이순신 장군의 승리를 확신합니다.

실전지침서　3분 짜리 축사의 문장을 만들기

연결사, 강조어, 전환어 등을 활용하여 3분 짜리 축사의 문장을 만들어 보라. 다양한 연결사로 구성하여 연설문을 작성하라.

훈련 ③ 속담, 격언, 숙어, 국어, 동사, 고사성어, 원리 적용하기

생활에서 잘 사용하는 속담, 격언, 숙어, 고사성어 등을 익혀서 실생활에 언어에 사용하거나 스피치에서 사용할 수 만 있다면 당신은 유창한 말꾼이 될 수 있을 것이다. 말을 잘하는 사람들, 뛰어난 언변가는 다양한 언어 활용 능력을 갖추고 있다는 것이다.

<기본 고사성어>

1. 능대능소(能大能小) - 재주와 주변이 좋아 모든일에 두루 능함
2. 뇌려풍비(雷廬風飛) - 벼락같이 빨리 일을 해치운다는 뜻
3. 농불실시(農不失時) - 농사짓는 일은 그 때를 놓치지 말아야 한다는 뜻
4. 노승발검(怒蠅拔劍) - 파리를 보고 칼을 뺀다는 뜻으로 사소한 일에 화를 낸다
5. 노생지몽(盧生之夢) - 노생의 꿈. 한 때의 헛된 부귀영화
6. 교우이신 - 믿음으로써 벗을 사귐.
7. 구사일생 - 꼭 죽을 고비에서 살아남
8. 금상첨화 - 비단 위에 꽃을 놓는다는 뜻으로, 좋은 일이 겹침을 비유(좋은 일이 겹침)
9. 기사회생 - 다 죽게 되었다가 다시 살아남.

<기본 속담>

1. 가는 날이 장날이다 : 뜻하지 않은 일이 우연하게도 잘 들어 맞았을 때 쓰는 말.

2. 가는 말이 고와야 오는 말이 곱다 : 내가 남에게 좋게 해야 남도 내게 잘 한다는 말.

3. 가랑비에 옷 젖는 줄 모른다 : 재산 같은 것이 조금씩 조금씩 없어지는 줄 모르게 줄어 들어가는 것을 뜻함.

4. 가랑잎이 솔잎더러 바스락거린다고 한다 : 제 결점이 큰 줄 모르고 남의 작은 허물을 탓한다는 말.

5. 가재는 게 편이라 : 됨됨이나 형편이 비슷하고 인연 있는 것끼리 서로 편이 되어 어울리고 사정을 보아 줌을 이르는 말.

실전지침서 1분 스피치 완성하기

고사성어, 속담, 격언, 원리 등을 활용하여 멋진 연설 문장을 완성해 보라. 시간은 1분 스피치이다.

훈련 ④ 나만의 유머집을 만들어 활용하기

현대 사회는 유머가 필요한 소통시대이다. 인터넷에서 유머를 수집하여 활용한다. 또는 유머집을 구입하여 활용한다. 유머 능력은 말을 더욱 맛깔스럽게 해준다.

- 급할수록~~

> 가정집에서 불이 났다.
> 놀란 아버지. 당황한 나머지..
> "야야~, 119가 몇 번이여~!!!" 하고 소리치자,
> 옆에 있던 삼촌이 소리쳤다.
> "매형! 이럴 때 일수록 침착하세요!!!...
> 114에 전화해서 물어봅시다."

- 정상인과 비정상인

> 한 사람이 정신병원 원장에게 어떻게 정상인과 비정상인을 결정하느냐고 물었다. "먼저 욕조에 물을 채우고 욕조를 비우도록 차 숟가락과 찻잔과 바켓을 줍니다."
> "아하... 알겠습니다. 그러니까 정상적인 사람이라면 숟가락보다 큰 바켓을 택하겠군요."
> 그러자 원장 왈..
> "아닙니다. 정상적인 사람은 욕조 배수구 마개를 제거합니다."

• 아들의 재능

　한 유태인이 아들을 위해 유태인 선생님을 가정 교사로 모셨다. 어느 날 아들의 공부방을 살짝 들여다보던 유태인은 그만 깜짝 놀랐다. 왜냐하면, 가정 교사가 자기 아들에게 아버지가 죽었을 때 외는 기도문을 가르치고 있었기 때문이다.
　"선생님, 나는 이렇게 젊어서 죽을 때려면 아직 멀었는데, 어째서 우리 아이에게 그런 기도문을 가르치십니까?"
　유태인은 가정교사에게 항의했다.
　그러자 가정교사가 대답했다.
　"염려 마십시오. 댁의 아드님께서 이 기도문을 모두 욀 무렵이면, 당신은 백 살도 넘을 테니까요."
　→머리가 얼마나 나쁘면 ――ㅋㅋ

실전지침서 　나만의 유머 만들기

훈련 ⑤ 간단한 레크레이션을 활용하기

큰 도구 없이 간단한 방법으로 유쾌한 시간을 줄 수 있는 레크리에이션을 활용하면 사람들의 관심과 주목을 사로잡을 수 있다.

▶ 전문 책을 참고하여 활용한다.

▶ 전문 과정이나 훈련을 통해 익힌다.

간단히 또는 즉시 할 수 있는 레크리에이션을 준비해 두어라. 각각의 대상과 상황에 맞는 레크레이션 자료를 잘 준비해 두면, 좋은 말꾼으로 쓰임 받을 수 있다.

개미떼 풍선 터뜨리기

준비물 : 풍선 여러 개, 끈

(1) 풍선을 선수들에게 불게 시킨다.(풍선을 불기 전에 상대방이 자신의 풍선을 터뜨린다고 미리 말한다. 그러면 잘 안 터지게 불 것이다. 이걸 이용해서 풍선을 다 불면 상대방과 바꾸게 된다.)

(2) 풍선을 다 불면 바인더 끈에 매어서 각자의 발목에 매게 하고, 기준점에 아이들을 세우고, 시작 호각과 함께 상대의 풍선을 터뜨리게 한다.

- 규칙은 손을 사용해서는 안 되고 오직, 발로만 해야 하며, 풍선의 바람이 빠져서 작아지면 퇴장

[전체 게임]
용트림 가위 바위 보, 꼬리잡기, 박수 만들기(1)(2), 손가락 접기

◆ 용트림 가위 바위 보
▶ 진 행 : 1) 2사람씩 만나서 가위 바위 보를 한다.
2) 진 사람들은 이긴 사람의 뒤로 가서 허리를 잡고 선다. (2명이 1줄)
3) 이긴 사람들끼리 만나서 가위 바위 보를 한다.
4) 진 사람들은 뒤에 붙어 있는 사람과 함께 이긴 사람 뒤로 가서 허리를 잡고 선다. (4명이 1줄)
5) 계속 반복하여 챔피언을 뽑아 푸짐한 상품을 준다.

| 실전지침서 | 레크레이션 만들기 |

훈련 ⑥ 　사건, 화재, 소식, 뉴스, 연애정보, 스포츠, 정치 등의 기사를 활용하기

　　연설이나 대화에서 도입부에 맞는 정보를 평소에 수집하여 둔다.
　　사건이나 화재 소식 뉴스 특히 연애정보와 스포츠, 정치 등은 청중들의 귀를 기울이고 시선을 집중시키는 최고의 활용 스피치이다.

코스피 1860선 타진
　　27일 코스피가 오후 들어 기관의 매수세가 강화됨에 따라 1860선을 일시적으로 회복하는 등 상승세다.

스타 배우자의 조건
　　뭇 남성들의 부러움을 사는 스타들의 배우자는 34.75세의 호남형인 해외 유학파 사업가였다. 여성 스타 20명의 결혼을 통계낸 결과다. 지난 11일 결혼한 전도연의 남편 강시규씨가 미국 조지워싱턴대 MBA 출신 사업가로 나이를 제외하면 이 조건에 딱 맞는다. 배우자 20명 가운데 무려 9명이 해외유학파였다

실전지침서　2분 스피치 완성하기

　　정치나 연애정보를 활용한 연설문을 작성해 보라.
　　시간은 2분 스피치이다. 주제는 마음껏 자유자재로 구성해 보라.

훈련 ⑦ 맛이 있는 말을 사용하여 활용하기

어느 시인은 말하기를, 봄은 아지랑이를 타고 오며, 여름은 소나기를 타고 오며, 가을은 빨간 고추잠자리를 타고 온다고 했다. 그리고 겨울은 코끝을 시리게 하는 매운바람을 타고 온다고 했다.

그러면 축복은 무엇을 타고 올까? 분명히 타고 오는 것이 있을텐데… 바로 내 입술이다.

"말은 씨가 된다."라는 이 말은 말에는 힘이 있다는 것을 말하는 것이다. 놀라운 사실은 우리의 신체가 내가 내뱉은 말의 사실 여부에 관계없이 지배를 받아 따른다는 것이다.

"아 행복해!"라는 말을 열 번만 외치어 말하여 보라. 에너지가 나온다. 반면 "아이 죽겠다!"라는 말을 열 번만 외치어 보라. 오늘 하루가 나도 모르게 더 힘들어지는 것을 느낄 것이다. 따라서 아파도, 힘들어도 "살만 하다!" "행복하다!"라고 말하면, 즉 긍정적이고 생산적인 말을 하면 삶에 힘이 난다는 원리를 발견하게 될 것이다.

"감사합니다."

다음의 싹이 나고 열매를 맺는 말들을 매일 큰 소리로 읽고 쓰고 말하고 들어라! 분명히 3개월 이내에 당신의 삶에 보지 못했던 새싹이 돋아나는 것을 보게 될 것이다. 지금 믿고 실천해 봐라! 당신이 남들이 오를 수 없는 높은 나무에 올라가 있음을 체험할 것이다~

아래의 축복의 말들을 카세트 테이프와 CD로 담아서 선물로 나누고, 자동차 안에서, 일터에서 또는 부엌에서 듣고 나누어라! 반드시 자신의 목소리로 녹음하여 제작하라! 그래서 많이 듣고 많이 말하라!

지속적으로 들으면, 놀라운 일이 일어날 것이다. 감사하게 될 것이다. 여러분도 곧 씨에서 싹이 나오면 곧 자라고 성장하여 풍성한 곡식으로 열매 맺게 되듯이 말에도 그와 같은 위력이 있음을 느끼게 될 것이다. 분명 확신한다!

말에도 사람을 살리는 맛이 있음을~

축복해 주는 말이 있음을~

이제부터 이렇게 말하세요

다음의 맛이 있는 상황별로 실생활에 맞게 대화체로 꾸며보라. 그리고 자신의 언어로 활용하라. 어떤 학생은 아래의 말을 녹음하여 듣고 다닌다고 한다. 말이란 내가 말한 것만 사용할 수 있다. 당신의 말을 타고 사람들을 축복해 줄 것이다.

감사합니다. 이 말 만큼 좋은 말이 또 있을까요?
감사할 것이 얼마나 많습니까?

좋아 보이네요. 이 한마디로 더 좋아지게 하는 활력소가 될 것입니다.

보고 싶었습니다. 집에 들어서면서 이렇게 말하세요.
문을 열어 주면서 이렇게 말하세요. "하루 종일 보고 싶었어요"
 부모를 만나고, 형제를 만나고, 친구를 만나고, 이성을 만나고, 이웃을 만나도...
 "보고 싶었습니다."

인상이 참 좋으시군요. 미남과 인상이 좋은 것은 다릅니다.
"인상이 좋으시군요"

소식 기다렸어요. 관심을 가지세요.
무관심은 병입니다. "소식 기다렸어요."

감사합니다.   좋아 보이네요.
보고 싶었습니다.   인상이 참 좋으시군요.
소식 기다렸어요.   언제 뵈어도 한결 같으시네요.

목소리만 들어도 누군지 알겠어요.   수고하셨어요.
역시 당신이 최고예요.   잘 참으셨어요.

VOICE

손이 참 예쁘시군요.

그 옷 참 잘 어울리네요.
당신과 함께하면 힘이 생겨요.
좋은 음악이에요.

잘 지내시죠!
분위기가 좋군요.

벽지 참 잘 고르셨네요.
건강해 보이시네요.
또 오고 싶은 가게군요.

넥타이가 참 잘 어울려요.
이 정도면 넉넉합니다.

사랑합니다.
말씀 감사합니다.
어쩜 이렇게 탐스러울까!
넌 참 좋은 아이야!
사진보다 실물이 더 예쁘시군요.
참 좋은 생각이에요.
걸음걸이가 참 예쁘네요.
덕 분에 잘 지냅니다.
제가 하겠습니다.
네 그렇게 하겠습니다.

참 아름답지요.
저 분 참 좋은 분이에요.
그래도 전 믿을 수가 있어요!
어쩐지 오실 것 같았어요.
운전 참 잘 하시네요.
이 집에 오면 마음이 참 편해요.
좋은 시간 가졌습니다.
제 잘못입니다.
잊지 않겠습니다.
그 생각이 더 옳은 것 같습니다.

그 용기 대단하군요.
저분 잘 돼야 할 텐데.
저 분은 가슴이 따뜻한 분이에요.
저는 젊은데요. 뭘!
큰 그릇이란 저 분 같은 분을 두고 말하는 것일 것에요.

기도하겠습니다.
끝까지 해 보겠습니다.
제가 양보하겠습니다.
좋은 날이 오겠지요.

고생이라니 뭘요. 저 보다 더 어려운 분이 많은데요.

당신의 도움이 없었다면 성공하지 못했을 거예요.
내가 물려 줄 유산은 신이란다.　　그래 네 말이 맞아!
와, 대단하군요.　　　　　　　　잘 결정하셨어요.
역시 생각이 깊으시군요.　　　　마땅히 제가 해야 할 일인데요. 뭘.
글씨가 예쁩니다.　　　　　　　가르쳐주셔서 감사합니다.
참 꾸준하시네요.

내가 당신을 못 만났으면 어떻게 됐을까?
늘 감사하면서 삽니다.　　　　　아름다운 추억을 안고 삽니다.
그때만 생각하면 웃음이 납니다.　꼭 오실 것 같아요.
훌륭한 부모님 밑에서 자랐습니다.　그 선생님 얼굴이 지금도 생생합니다.
그때 그 교회 종소리가 들리는 것 같아요.
언제나 웃음을 잃지 않으시군요.
베풀어 주신 호의를 잊지 않고 있습니다.

제 마음을 어떻게 아셨어요.　　　감각이 뛰어나시네요.
좋은 취미를 갖고 계시네요.　　　꼭 재기하리라 믿습니다.
용기를 잃지 마세요.　　　　　　그럴수 있겠지요.
그럴수록 힘을 내셔야지요.　　　내일이 있잖아요.
그날이 꼭 올 것예요.　　　　　　새 구두 신고 오셨네요.

그 말씀 늘 마음에 새기고 있습니다.
저 때문에 고생 많으셨지요.
결심이 대단하시군요.

VOICE

이 경기는 너 때문에 이긴 것 같아.
너가 같이 가주면 훨 씬 더 즐거울 거야.

나는 네가 자랑스럽단다.   너는 우리에게 소중한 존재야.
네 목소리는 언제나 아름답구나.   고생한 보람이 있으셨겠서요.
이발 하셨군요. 젊어 보여요.

그 머리 어디서 했어요. 참 보기 좋군요.
그 의견에 동감입니다.   힘내세요.
써보니 참 좋군요.   참 기발한 착상입니다.
눈썰미가 있으시군요.   두 분 참 잘 어울리는 부부이시네요.
자제 분이 참 믿음직스러워요.   연주회 참 감동적이었어요.
걱정하지 마세요. 해 낼 수 있어요.

좋은 일이 있으신가 봐요.   하나님께서 도와주실 거에요.
당신과 마주 앉으면 편안해요.   몰라보게 날씬해 지셨군요.
생각이 깊으시군요.

알뜰하기도 해라.   언제 이렇게 준비하셨어요.
아이디어 뱅크시군요.   당신 차에 타면 마음이 편안해요.
늘 자신감에 넘치는 것을 보면 힘을 얻습니다.

너를 친구로 사귀게 된 것이 자랑스럽다.
그럴만한 사정이 있어겠지.   상쾌한 아침입니다.
저녁노을이 참 아름답군요.   맞춤 같군요.

최고의 날이었습니다.　　　저 분은 숨은 일꾼이에요.
승리하세요.　　　　　　　얼마 안 남았으니 힘 내세요.
은총이 아니면 어림없는 일이었지요.

최후의 부흥자가 되세요.　　최후까지 승리자가 되세요.
부자 되세요.

오래오래 사세요.　　　　　제가 잘 해드릴게요.
하나님이 하실 것입니다.　　하나님이 반드시 축복해주실 거예요.
참 아드님 잘 두셨습니다.

최고가 될 것이다.
하나님이 너를 최고가 되게 하실 것이다.
너는 하나님이 축복해주실 것이다.
하나님이 함께 해주실 것이다.
하나님이 쓰시는 귀한 인물이 될 것이다.

하나님의 이름을 높이는 귀한 인물이 되어라.
너는 하나님의 아들이다. 딸이다.
너는 하나님의 귀한 인재가 될 것이다.
너는 존경받는 사람이 될 것이다.
너는 지혜가 풍부한 사람이 될 것이다.

하나님이 사업을 잘 되게 해주실 것입니다.
당신의 가정을 축복해 주실 것입니다.
하나님이 건강을 주실 것입니다.

하나님이 함께해 주실 것입니다.
너는 내 아들이다.

훌륭한 사람이 되어라!
사랑하는 아들아!
우리 가정을 축복해주시길 원합니다.
우리 자녀를 축복해 주시길 원합니다.
우리 집을 방문해 주시길 원합니다.

지혜로운 사람이다.
너는 마음이 아름답다.
너는 성품이 좋다.
00이가 열심히 교회에 나오는 걸 보니까 앞으로 하나님이 귀하게 쓸 인물이 될거야
　00이는 훌륭한 사람이 될 거야

당신을 귀하게 쓰실 것이다.
치료의 지혜를 주실 것입니다.
높여 주실 것입니다.
나는 당신을 예수의 이름으로 축복합니다.
나는 당신에게 하늘나라를 줌으로써 축복합니다.

나는 당신을 하나님의 위로로 축복합니다.
예수님의 이름으로 나는 당신에게 염려 두려움 죄책감으로부터 해방이 임하기를 축복하노라.
　당신은 가장 큰 행운을 잡은 사람이요!

나는 부자다.
하나님 감사합니다. 나의 필요를 채워주시니 감사합니다.

훈련 ⑧ 긍정의 단어 나의 말로 활용하기

　긍정의 단어, 듣기만 해도 감정을 만들어낼 뿐 아니라 행동을 만들어낸다. 말을 연구했더니 한 마디의 말이 소비자에게 마치 마술과 같이 작용했다고 한다.
　긍정적인 말은 듣기만 해도 사람들에게 활기를 주고, 웃음을 주고, 넘치는 에너지를 준다. 반면 부정적인 말은 떠올리기만 해도 사람들을 화가 나게 하고, 불안하게 하고, 분위기를 어둡게 만든다.
　우리 주변에서 장수하고, 건강하게 사는 사람들을 보면 한결같이 긍정적이고 좋은 말과 좋은 습관을 지니고 있다는 것을 알 수 있다.
　국립노화연구소에서 다음과 같은 연구 결과를 내놓았다. 즉 "말이 신체건강에도 영향을 미친다"는 사실이다. 또한 긍정적인 말이 삶에 영향을 줄 수 있다는 것을 발견하였다. 그래서 60세가 넘는 노인들에게 각각 상반되는 의미의 말을 건넸을 때 나타나는 반응에 대해 살펴보았다.

VOICE

> **먼저~ 부정의 말을 사용하였다.**
> "할아버지 노망났어?"
> "에구, 인제 다 늙어빠졌네."
> "뭐가 그렇게 아픈 데가 많아!"
> "왜, 피부가 붉으락푸르락해!"
> "느린", "늙은", "상실한", "시든", "구닥다리" 등 부정적인 단어를 사용하였다. 그 결과는 신체적이나 심리적으로 매우 불쾌한 반응과 신경질적인 반응을 보였다.

> **반면~ 긍정의 단어를 사용하였다.**
> "당신은 정말 사려가 깊군요"
> "정말 현명하세요!"
> "건강해보세요"
> "교양 있는", "활동적인", "친절한", "즐거움을", "사랑하는",
> "분별력 있는", "가치 있는", "경험 많은" 등의 말로 묘사해 주었다. 그 결과는 사뭇 다르게 나타났다. 긍정의 단어를 들은 사람은 새로운 기운을 얻었고, 희망 찬 모습을 볼 수 있었다.

그러므로 긍정적인 생각과 말로 하루를 시작하라.

매일 아침 내 마음속에 뭔가 긍정적인 것을 채우는 일로 하루를 시작하라!

"당신의 마음속에 무엇이 들어있는가가 현재의 당신을 만든다."

▶▶ 한 마디의 긍정적인 단어는 듣기만 해도 사람들에게 활기를 주고, 웃음을 주고, 넘치는 에너지를 준다.

반면 부정적인 단어는 떠올리기만 해도 사람들을 화가 나게 하고, 불안하게 하고, 분위기를 어둡게 만든다. 지금 당신은 어떤 말을 하고 있는가?

말은 듣기만 해도 삶에 영향을 준다고 하는데, ?

▶ 평소 당신의 말에 얼마나 많은 긍정적인 단어가 있는지 점검해 본다.

▶ 당신의 스피치를 분석하여 긍정적인 단어 사용, 부정적인 단어 사용 여부를 체크한다.(긍정적인 단어 읽고 쓰기)

부정적인 단어		긍정적인 단어	
파괴하다	죽이다	사랑	따뜻함
상처를 주다	유치장	파티	친구
폭발하다	금지하다	휴가	강아지
고통을 받다	파멸	친절	주말
강간하다	미워하다	좋다	평화
불지르다	테러	놀다	성공
손해를 입히다	실직하다	용서하다	희망
어리석다	때리다	공평	즐거움
바보	총을 쏘다	가정	아름다움
폭동	비판	재밌다	용기
스트레스	고뇌	동의	행복함

부정적인 단어		긍정적인 단어	
죽음	고소하다	믿음	신뢰
복수하다	질병	승리	고요
독약	살인하다	키스	보상
당황하다	전쟁	훌륭하다	포옹
감옥	찌르다	개선하다	미소
우울하다	훔치다	이익	칭찬
치다	체포하다	웃다	축하하다
경련	속이다	멋지다	살아 있다
고통스럽다	부랑자	우습다	값어치가 있다
거짓말	위협	열광	안전하다
비열하다	비극	초대하다	존경하다
불타다	잃다	긍정	치유하다
실패하다	불평하다	성취하다	애정
사기	질투하는	치료하다	편안함
축출하다	피하다	감사하다	우아함
전투	슬프다	신임	챔피언
마약	경멸하다	리더	즐겁게 하다
경고	비난하다	성취하다	찬사
깨뜨리다	긴장	명예	희극
침을 뱉다	질식시키다	축복받다	아기
강압	추한	지지하다	똘똘하다
뚱뚱하다	벙어리 같다	신성함	돕다
타락하다	취소하다	천국	진실
습격	못생긴	튼튼히 하다	특별하다

절대적으로 긍정의 단어들은 힘을 주고 활력을 주고 웃음을 주고 새로운 기운을 불어 넣는다.

실전지침서 긍정의 단어 쓰기

긍정의 단어 [쓰기]로 사람들에게 영향력을 주는 문장을 만들어 보라. 그리고 발표해 보라. 말을 사용하라.

소비자에게 가장 영향을 주는 단어들

소비자는 다음의 말들을 듣고 지갑을 연다고 한다. 그러므로 매출을 향상시키는 단어들을 사용하라.

안전한, 결과, 발견하다, 새로운, 돈, 절약하다, 쉬운, 건강, 증명된, 보증, 사랑, 기적, 마술, 빠른, 값싼, 혁명적인, 필요한, 놀라운, 지금, 선풍적인, 서두르다, 제공하다.

- 진심으로 미안합니다.
- 어서 오십시오.
- 실례했습니다.
- 죄송합니다.
- 감사합니다.
- 신세를 지게 됐습니다.

- 안녕히 계십시오.
- 다시 뵙겠습니다.
- 선생님을 생각하고 있었습니다.
- 지난번 전화 주셔서 얼마나 반갑던지요.
- 덕분에 잘지냈습니다.
- 덕분에 기분이 좋아집니다.
- 사랑합니다.
- 도움이 되지 못해 마음이 아픕니다.
- 잘 지내십시오.
- 덕분에 즐거웠습니다.
- 환영합니다.
- 아하, 그러셨군요.

실전지침서 '내가 먼저' 연습하기

아직도 전 세계 1위의 이혼하는 이유를 "성격이 안 맞는다."라는 것이다. 평소 아주 사소한 말에서부터 시작된다. 그러므로 사소한 것이 중요하다는 언어 습관을 길들이는 것이 중요하다.

- 내가 먼저 인사하는 연습
- 내가 먼저 말을 걸어 보는 훈련
- 내가 먼저 미소 지어 보이는 훈련
- 내가 칭찬하는 훈련

풍부한 어휘력을 키우라!

희한한 일입니다.
이런 뜬금없는 말을 하다니,
쥐락펴락할 수 있는 막강한 힘을 가진 자
탐냈던 까닭

생뚱맞은 기록이 전부입니다.
별반 다르지 않습니다.
인류지대사인 혼사를
눈코 뜰 새가 없었겠지요.
"보지 않아도 구만 리, 안 봐도 비디오"
떵떵거리고
우아하고 폼 나는 삶.
부랴부랴
속앓이

독(毒)이 되는 말 사용 안하기

말은 가장 큰 위력을 가지고 있다.
한두 사람이 아니라 지구상의 인류는 이 말로 인해 죽기도 하고 살기도 한다. 사소한 말 한마디로 수십 만의 생명이 희생되는 전쟁이 일어나기도 하고, 좋은 말로 인해 전쟁에서 평화의 꽃이 피기도 한다. 인류 역사는 아담과 하와 이래 오늘날까지 자신이 뿌린 말의 열매를 자신이 거두어 들이는 역사를 되풀이하고 있다. 그러나 나쁜 말도 많다. 어떤 말을 골라서 쓰느냐에 따라 인생이 결정된다.

해서는 안 될 말!

- 듣는 사람의 입장을 고려하지 않는 말
- 듣는 사람이 짜증이 나는 말
- 남에게 오히려 해가 되는 말
- 사람을 죽이는 말
- 사람에게 해서는 안 되는 말

우리는 할 수 있다면 다음의 입술의 독이 되는 말을 사용하지 말아야 한다. 좋은 말을 통해서 입술의 열매를 맺어야 할 것이다.

일찌감치 때려 치워라.	저 같은 게 뭐 하겠습니까?
내 말대로만 해.	적당히 둘러대
어디 두고 보자.	그래 잘들 논다 어떻게 되나 보자.
그러면 그렇지 지까짓게 뭘 한다고.	
다음에 하지요.	시간이 없어서요.
별 수 있나요.	

다 그렇고 그런 거 아닙니까?
뭐 좋은 게 있겠어요? 그날이 그날이지

글쎄요.	그럴 리가 있겠어요.
믿기 어려운데요.	흥, 그러면 그렇지.
제버릇 남주나.	이젠 지쳤어요.

어째 꼬락서니가 그 모양이냐.
집구석 잘 되어 간다.　　　　꼴좋다.
내 그럴 줄 알았다.　　　　　네 주제에 뭘 한다고
네 손에 장을 지지겠다.　　　유치하게끔
넌 맨날 왜 그 모양이냐?　　 내 말이 틀리면 내가 성을 갈지.
네가 뭘 하겠냐?

널 믿느니 차라리...　　　　　뭐 되는 게 있어야지
죽지 못해 삽니다.　　　　　 답답합니다.
바람 잘 날 있겠어요.　　　　차라리 죽는 게 낫겠다.
뭐 이까짓걸 주려고 오라고 했나?　 별 수 있겠어요?
쳇, 이것도 선물이라고.　　　또 잔소리군.

내 것 아닌데 막 써버려.　　　누군 복권 당첨 됐다는데.
빽없는 놈 어디 해 먹을 일 있겠냐?
창피하게 어떻게 그런 일을 해.　　누군 부모 잘 만나서 호강하는데
다시 내려올 산을 뭣하러 힘들게 올라가냐?
못 먹는 감 찔러나 보지.
어차피 네 것이 안 될 텐데 그걸 그냥 둬?
내 돈 안 나가는데 팍팍 쓰지 뭐.　줄만 잘 서면 되는 것야.

자신 없습니다.　　　　　　　재가 네 말 하더라.

VOICE

실망했습니다.　　　　　　그 말 두 번만 더 들으면 백번째야.
다 그런데요 뭐.　　　　　딱 한 번인데 뭘
살맛 안납니다.　　　　　세월이 좀먹냐?
어차피 버린 몸.　　　　　죽으면 썩을 몸인데 먹고 놀지.

될 대로 되라지.　　　　　돌고 도는 세상 아닌가?
한 번만 봐 주세요.　　　　오늘만 쉬고 내일부터 해야지.
나만 잘한다고 별 수 있나?　오늘만 날이냐?
내가 할 짓 없어서 이 짓 하는 줄 아슈?
너 같은 놈 때문에 세상이 안되는 거야.
돼지 같이 처먹기만 하고...

밑천이 있어야 돈을 벌지.　　넌 해봐야 별 수 없어.
언제 또 보겠다고 ... 잘 해줄 것 있냐?
돈 벌면 그때 가서 남을 도와야지.　또 딸이야?
늙으니 아무 할 일이 없구만.　적당히 시간만 때워.
하나님이 날 버리셨나 봐요.　너 하나 그런다고 달라질 것 같냐?
친구가 하라고 해서 한 거예요.

이것도 밥상이라고 차려왔냐?　장난 삼아 해 본 일인데요 뭘.
또 어질러질 텐데 뭐하러 치워요. 다 엎질러진 물이야.
하나님이 어디 있냐?　　　　내가 부잣집 아들로만 태어났더라면에이, 전쟁이나 터져서 다 죽어버렸으면 좋겠다.
그 몸에 비싼 옷 걸친다고 누가 쳐다본대?
젊을 때 안 놀면 언제 노냐?   고리타분한 어른들 말 듣지마.

살면 얼마나 더 살았다고 훈계는.
또 설교 시작이군.   있을 때 쓰고 보는 거야
아무래도 나만 따돌리는 것 같아. 나도 할만큼은 했어요.
기도해 봐야 별 수 없더구만.   양보하는 놈만 바보되는 거야.
재수 없는 한 해였어.   너 같은 건 필요 없어.
너만 고생했냐?

하는 걸 보니 뻔할 뻔자군.   이런걸 눈뜨고 골라 왔니?
빌어먹기 꼭 좋겠다.   앓느니 죽고 말지.
이제 우린 끝장이야.   너 죽고 나 죽자.
이제 우리 갈라섭시다.   이젠 가망이 없어요.
돈이면 안되는게 있나.   시간이 좀먹냐.

보는 사람 없는데 적당적당히 해.
그렇게 들들여 한다고 누가 알아 주냐?
그걸 그냥 둬? 엎어버리지.   만나기만 해 봐라.
될 대로 되라지.   이놈의 나라 다 썩었어.
아이구 내 팔자야.   아이구 죽겠다.

당신은 늘 그 모양이요?   대충대충 때우고 말아.
자식 키워봐야 뭐합니까?   이것도 글이라고 썼냐?
언제부터 했는데 여태 이 모양이냐?

부정의 말은 파괴하고 죽이는 힘이 있다. 부모님들은 쉽게 자녀들을 비난한다. 사소한 잘못을 해도 비방하거나 타인과 비교한다. 그것은 자녀의 삶을 불행으로 인도하는 것과 같은 것이다. 비난하는 보무들의 밑에서 자라는 자녀들은 영혼이 눌리고 무기력해져서 자신의 재능을 마음껏 발휘하지 못하게 된다. 그러므로 절대로 비판과 비난해서는 안 된다. 흔히 사용하는 비난의 말을 사례를 들면 아래와 같다.

"나가 죽어라!"
"저걸 낳고 미역을 먹었으니"
"넌 왜 애가 그 모양이니?"
"자식이 아니고 상전이야, 상전..."
"넌 뭘 하나도 잘 하는 게 없니?"
"너는 엄마 속을 뒤집어 놓으려고 태어났니?"

그래서 비판과 비난의 말을 자주 듣게 되면 심령이 약하고 쉽게 좌절하는 사람이 되어 버린다. 이들은 두려움에 시달리게 된다. 결국 입 밖에 다음의 말을 꺼내게 된다.

"죽고 싶다!", "살아서 뭐하나",

"차라리 죽는 것이 낫다",
"그럴 거면서 왜 나를 낳았어!"

"바보 같이", "그것도 몰라",
"네가 그렇지 뭐",
"비아냥거리는 말", "빈정대는 말",
"비웃는 말", "무시하는 말",
"투덜대는 말",

 하루 동안 내 입에서 이런 부정적인 말이 나온다면, 난 긍정적인 사람이 될 수 없다. 즉 부정적인 말을 하게 되면 나와 행복은 멀어지게 된다. 대신 긍정의 말을 하게 되면, "고마워! 기분 좋아! 행복하다!" 같은 말을 자주 사용하면 행복은 나의 것이 된다.
 이래 비유적인 언어를 더 사용한다. 비유적인 언어를 사용하면 주제를 보다 생생하게 만들 수 있다. 예를 들어 "황소처럼 강인한" 같은 표현이 있다. 또한 은유법을 활용한다. 예를 들어 "그는 소가 밭을 갈 듯 일한다."
 말이 입술 안에 있을 때는 내가 말을 얼마든지 지배할 수 있으나 말이 입 밖으로 나오면 말이 나를 지배한다. 그러므로 우리는 사람들에게 꿈을 갖도록 긍정적이고 생산적인 말, 사랑의 말, 격려의 말을 해야만 한다.

VOICE

"사랑합니다."

"고맙습니다."

"당신이 최고입니다."

"당신을 알게 되어 행복합니다."

"오늘 헤어스타일이 참 좋습니다."

"손이 참 곱네요!"

사람들이 가장 듣기 싫어하는 추악한 말들

자랑	욕, 불쾌한 말
험담	화내는 말
거짓말	고통을 주는 말
자기연민(불쌍히 좀 여겨주세요..)	민족이나 인종 차별
성차별의 말	부정의 말
협박	논쟁
끼어들기	굴욕적인 말
단점을 들먹이는 말	불평 투덜거림 칭얼거림의 말
귀찮게 들볶는 말	허위
아는 체	거짓 아첨
고함	과장
고발	남을 배려하지 않는 말

어떤 말들이 당신을 힘 빠지게 만드는가?< >

그리고 사람들과 얘기할 때 듣고 싶지 않은 말들은 어떤 것인가?< >

여기 사람들이 가장 듣고 싶지 않은 말들을 위의 리스트에 담아 놓았다. 그런데 나도 종종 리스트 안에 있는 말을 사용하고 있음에 가책을 느낀다.

실전지침서 나의 언어 유형은?

정원에 한 그릇의 어린 나무는 심어서 1년이 지나도 두 손에 힘을 주어 뽑을 수 있으나, 10년이 지나서 성장한 나무는 두 손으로 힘을 다해도 뽑을 수가 없다.

가 형	나 형
정중한, 공손한, 예의바른, 친절한, 사려 깊은, 우아한, 점잖은	무례한, 버릇없는, 거친, 상스러운, 불결한, 성난, 비열한

훈련 ⑨ 국어사전을 활용하여 언어 훈련하기

국어사전을 통해 새로운 단어들을 매일 읽고 쓰고 활용해 본다.
그래서 신선하고 가장 적합한 단어를 찾아 사용하고 말할 수 있다면 당신은 파워 말꾼으로 세워 질 것이다.
먼저 국어사전을 한 권 준비한다. 좋은 단어나 말의 의미를 순서적으로 매일 수십 번 읽고 활용하는 훈련을 한다. 이 훈련이 나를 유창한 말꾼으로 만드는 최고의 방법이다. 그러므로 국어사전을 평소 가까이에 두어 사용한다.

예) 국어사전 : "좋다"

좋다(진,선,미)

[형용사]
1 대상의 성질이나 내용 따위가 훌륭하여 만족할 만하다.
2 성품이나 인격 따위가 원만하거나 선하다.
3 말씨나 태도 따위가 상대의 기분을 언짢게 하지 아니할 만큼 부드럽다.

좋다. [동사] [방언] '쪼다'의 방언(평안). 연관단어 : 쪼다
사이좋다. [형용사] ('…과'가 나타나지 않을 때는 여럿임을 뜻하는 말이 주어로 온다) 서로 정답다. 또는 서로 친하다.
의좋다[誼좋다] [형용사] ('…과'가 나타나지 않을 때는 여럿임을 뜻하는 말이 주어로 온다) 정의(情誼)가 두텁다.
꼴좋다. [형용사] 나쁘거나 싫은 것을 보고 빈정거리는 말.
들이좋다. [형용사] 아주 좋다. 또는 마냥 좋기만 하다.
열좋다. [형용사] [방언] '열째다'의 방언(제주). 연관단어 : 열째다

관용구/속담

[관용구] 뱃심(이) 좋다 → 좋다, 뱃심
염치나 두려움이 없이 제 고집대로 하는 비위가 좋다.

[속담] 좋은 일에는 남이요 궂은일에는 일가다 → 좋다
(1) 좋은 일이 있을 때에는 모르는 체하다가 궂은일을 당하게 되면 일가친척을 찾아다닌다는 말.
(2) 먹을 일이 생겼을 때에는 남을 먼저 찾고, 궂은일이 생겼을 때에는 일가친척을 먼저 찾게 된다는 말.
(3) 먹을 일이 생겼을 때에는 남들이 먼저 찾아오고, 궂은일이 생겼을 때에는 일가친척이 먼저 찾아온다는 말.

[속담] 좋은 노래도 세 번 들으면 귀가 싫어한다 → 좋다
아무리 좋은 것이라도 지루하게 끌면 싫어진다는 말.

[속담] 좋은 일은 맞지 않아도 나쁜 일은 잘 맞는다 → 좋다
점을 칠 때 좋은 일은 맞지 아니하는데 나쁜 일은 꼭 들어맞는 것같이 느껴진다는 말.

[속담] 좋은 친구가 없는 사람은 뿌리 깊지 못한 나무와 같다 → 좋다
사람에게 좋은 친구가 없으면 위급한 때에 도움을 받지 못하고 잘못

될 수 있으므로 좋은 친구를 많이 사귀는 것이 중요하다는 말.

예문

품질이 좋다 → 좋다
혈색이 좋다 → 좋다
날씨가 좋다. → 좋다
얼씨구 좋다! → 좋다
그는 집안이 좋다. → 좋다

받아쓰기, 말하기, 듣기, 글짓기

언어개발 훈련에서 가장 중요한 훈련은 쓰기, 말하기, 듣기 그리고 글짓기 일 것이다. 기초과정부터 고급 심화과정까지 매일 20분씩 스스로 훈련을 통해 부족한 언어 능력을 개발해야 한다. 또는 그룹에서는 1인 발표나 조를 구성하여 훈련을 거듭하면 향상된 언어 표현을 느낄 수 있을 것이다. 따라서 지금 훈련을 실시하라.

다음의 4가지 방법으로 훈련하라.

[받아쓰기] [말하기] [듣기] [글짓기]

1. 불쌍하다는 생각이 들었습니다. 2. 고맙다는 듯이 나를 쳐다보더니

3. 뛸 듯이 기뻤습니다.
4. 몸이 많이 약해졌구려.
5. 추위에 떨 것을 생각하니
6. 곧 쓰러질 것 같았지만
7. 녀석을 낳느라고
8. 씽긋 웃으며
9. 파도에 휩쓸려서
10. 굼실굼실
11. 가물가물
12. 동그랗게 뜨고 물었습니다.
13. 시무룩해졌습니다.
14. 쌩쌩 달렸습니다.
15. 엉거주춤
16. 마지못해
17. 그림자를 밟는 놀이입니다.
18. 돌을 쓰러뜨리는 놀이입니다.
19. 보글보글 끓고 있지요.
20. 휘게 하여
21. 껴안으며
22. 서로의 뺨을 가볍게 댑니다.
23. 길쭉한 잎을 가진 굴참나무는
24. 벽에 부딪히고
25. 꽃을 활짝 피웠습니다.
26. 혀를 날름거리고 있었습니다.
27. 잽싸게 덮쳤는데
28. 쭈욱 뻗어
29. 그립니다.
30. 땀을 뻘뻘 흘리며

[기초편] 느낌을 나누기

1. 토실토실
2. 꿀꿀꿀
3. 끄덕끄덕
4. 으쓱으쓱
5. 흔들흔들
6. 덩실덩실
7. 둥둥
8. 슬금슬금
9. 성큼성큼
10. 겅중겅중
11. 깡충깡충
12. 오물오물
13. 허둥허둥
14. 우적우적
15. 우물우물
16. 짹짹짹짹
17. 꽥꽥꽥꽥
18. 생글생글
19. 둥실둥실
20. 살래살래

| 실전훈련 | 언어개발훈련 |

받아쓰기 :
말하기 :
듣기 :
글짓기 :

훈련 ⑩ 기본 영어 단어 소리 내어 읽기 훈련

영어 단어와 문장을 읽고 발음하는 훈련이 스피치 훈련에 도움이 된다는 것을 발견하였다. 기본적으로 영어 단어에 자신 있는 사람이 스피치에 강하다는 것이다. 뿐만 아니라 연구결과에 따르면 외국어를 말할 때, 뇌가 활성화 된다는 것이다. 특히 외국어를 말 할 때, 오른쪽 뇌까지 활성화가 된다는 것이다.

그러므로 기본적인 영어단어를 말하고 쓸 수 있어야 한다.

어려운 단어나 문장을 사용하면 듣는 사람이 이해하기가 힘들다. 또한 어떤 메시지는 영어 단어를 사용하면 더 쉽게 전달되는 말이 있다.

가장 좋은 영어 단어는 중고등학교 기본 단어와 문장을 읽고 쓰는 훈련을 날마다 하라! 큰 소리로 영어 단어를 읽어라. 정확한 발음으로 소리 내어 말하라.

기본영어단어

do : ~ 하다
can : ~ 할 수 있다,~ 해도 좋다.
but : 그러나, 하지만
this : 이것, 이 (복수)these
go : 가다. go-went-gone
not : ~ 않다. ~ 아니다.
with : ~ 와 함께, ~ 을 써서
where : 어디서, 어디에
why : 왜
here : 여기에, 여기서
use : 사용하다. 사용, 용도
into : ~ 안에 ~ 안쪽으로
give : 주다 give-gave-give
begin : 시작하다
speak : 말하다 연설하다
lot : 많음, 다수, 다량
must : ~해야한다 ~임에 틀림없다
call : 부르다 ~ 전화를 걸다
night : 밤
morning : 아침, 오전

have : ~ 을 갖고 있다, 먹다.
and : 그리고, ~ 와, ~ 과
say : 말하다. say-said-said
that : 그것, 그, 저 (복수)those
come : 오다.
very : 매우, 대단히
when : 언제, ~ 할 때
how : 어떻게, 얼마만큼
what : 무엇, 무엇이, 무슨, 어떤
there : 거기에, 거기서
useful : 유용한, 쓸모있는
walk : 걷다. 산책
back : 뒤로(에), 등, 뒤
first : 제 1(의), 첫번째(의)
only : 유일한, 오직, 다만
last : 최후의, 지난
something : 무엇인가, 어떤것
soon : 곧, 잠시후
evening : 저녁
never : 결코 ~ 않다

실전학습 파워 스피치 훈련을 위한 프로젝트

실질적인 스피치 훈련은 특별한 방법이 없다. 다음의 훈련과정을 잘 따라오면 누구나 파워 스피커가 될 수 있다. 훈련을 따라 가다보면 자기도 모르는 사이 스피치 능력이 향상됨을 느낄 것이다. 기본 원칙은 아래와 같다.

먼저 책을 읽는 발음, 발성 연습은 매일 20분씩 지속적으로 한다. 그리고 적어도 하루 한 시간 이상 스피치를 생각하고 연습한다. 마지막으로 가급적 녹화를 하고 자신의 스피치를 모니터한다.

<파워스피치 향상을 위한 훈련전략>

- 1일 – 스피치 계획 점검하기
            목표 세우기
            파워스피치 지도자 1급 자격증 취득 목표

- 2일 – 자가 진단하기
            자기소개하기
            3분 또는 주제 스피치 해보기
            자신을 제대로 파악하기

- 3일 – 소리 내어 읽고 녹음하여 듣기
            내 목소리 듣기
            인터넷 방송하기
            발성, 발음 따라 해보기

- 4일 – 일상생활을 내 언어로 표현하기
            5분 스피치 해 보기
            다양한 방법으로 자기소개하기
            가족 앞에서 자기 소개하기

- 5일 – 이 과정을 매일 반복하기

- 6일 – 아이디어를 바탕으로 서론, 본론, 결론 구성하기
  구성에 맞춰 스피치 원고 작성하기
  주제를 정하여 10분 스피치를 준비하기

- 7일 – 훈련과정 되돌아보기
  6일 차 원고 다시 한 번 확인하기
  특히 발음, 발성, 표현력 연습 반복하기
  잘 될 때까지 반복하기

- 8일 – 녹화 후 모니터하기
  그룹을 짜서 실시하기
  평가하기
  자신을 격려하며 자신감 고취하기

<그룹별 준비과정>

각 그룹은 주 1회 또는 월 1회 만남을 통해 다음과 같은 스피치 클럽을 운영해 나간다. 전원이 준비하고 훈련한 내용을 스피치로 나눈다.

```
1 – 주제 정하기
2 – 철저한 자료조사
3 – 청중 중심의 전략개발
4 – 스피치 원고 구성하기
5 – 스피치 언어 스타일 결정하기
6 – 시청각 자료 준비하기
7 – 연습하기
8 – 발표하기
```

파워 팁 | 공간언어 활용하기

말을 능숙하게 잘 하는 사람들은 공간언어를 잘 활용한다. 상황이 허락한다면 말을 하면서 청중에게 다가가는 것도 친근감을 높이기 위해 필요하다. 기억하라. 스피치의 장소 전체를 활용하면 그만큼 스피치의 효과도 좋아진다. 즉 이야기하면서 상대에게 서서히 다가간다. 공간에는 심리적 거리인 공간언어가 있다. 이는 학생들과 사이에 묘한 친근감을 형성케 해 준다.

공간언어 = 전달자와 청중 간의 심리적 거리를 나타내는 표시이다.

이 공간언어를 잘 활용함으로서 전달자와 수신자 간의 관계를 조절할 수 있다. 그리고 친밀한 관계를 형성할 수 있다는 것이다. 그러므로 공간언어를 정복하여 마음껏 활용하기를 바란다.

- **친밀한 거리**

  약 50센티미터의 거리이다. 흔히 연인의 거리라고 말한다.
  시각, 후각, 체온, 숨소리, 냄새, 느낌 등의 신호를 느낀다.

- **개인적 거리**

  약 1.2미터의 거리이다. 상대방의 모습이 시각적으로 가장 잘 보여지는 거리이며, 둘 사이의 존재를 유지하는 거리이다.
  흔히 친구 모임, 조용한 대화가 여기에 속한다.

- **사회적 공적 거리**

  이는 목소리로 말할 때 들을 수 있는 거리이다. 사회적 담화가 여기에 속한다. 이 거리에서는 단어나 어구의 선택이 신중해야 한다. 강의, 연설, 대중적인 대화가 속한다.

  친하다고 생각하는 친구와 이야기하다가 그 친구 앞으로 친밀한 거리까지 다가갔는데, 그때 나타나는 반응은 두 가지이다.
  하나는, 그 친구가 그 자리에 서 있으면 당신을 친하게 생각한다는 것이다. 다른 하나는, 서서히 뒤로 물러서면 당신이 생각하는 것보다 친근하게 여기는 것이 아니다.

백만불짜리 실용 활용 문장
11 실전, 실습에서 활용되는 인용 글 모음

실전에서 가장 중요한 오프닝 메시지

오프닝 메시지, 연설의 도입단계라 할 수 있는데, 연사가 연설을 성공하느냐 실패하느냐는 이 도입단계인 서론에서 판단이 70% 좌우된다고 봐도 과언이 아니다. 그래서 오프닝 스피치 훈련을 별도로 가르치고 있다. 대부분의 사람들은 이 처음 시작하는 부분의 중요성을 잘 모르기 때문에 연설에 실패한다고 볼 수 있다. 하지만 성공하면 청중은 당신의 연설이 끝날 때까지 당신의 말에 귀기울일 것이다.

우선 서론은 편안해야 한다.

꽉 쪼여져 있는 청중들의 마음을 편안하게 열 수 있게끔 편안 하고, 밝고, 유머스럽게 하지만 짧게 서론 부분을 끝맺을 수 있는 말로 시작을 해야 한다. 연사의 자세가 처음부터 횡설수설하고, 자신감이 없어 보이며, 마치 변명하듯이 시작이 되면 청중들은 외면을 하기 시작한다.

가장 무난한 도입 방법은, 그 흐름은,

① 청중에 대한 인사

② 이름과 소속을 밝히고

③ 연사의 필요성 즉, 왜 본인이 나왔는지 이유를 말하고

④ 그리고 마지막은 테마의 필요성 설명 즉, 본인이 왜 이런 주제를

가지고 말을 하려는지 이유에 대해서 말하는 것이다.

여기서 우리는 센스있고 재미있게 이끌어 가야 되는데 이것을 말하는 중간 중간에 유머스러운 말들을 집어넣으면 아주 큰 극대화를 만들 수 있다.

우선 청중에 대한 인사는 그냥 꾸벅 고개만 숙이는 인사가 아닌 청중의 유형을 잘보고 분위기를 칭찬한다든가 오신 것에 대한 환영인사로 시작하면 좋고, 자신의 이름을 말 할 때는 재치 있게 이름풀이방식으로 말을 하면 분위기가 밝게 변한다.

그리고 연사의 필요성과 테마의 필요성에 대해서 말씀하실 때에는 자신을 낮추면서도 겸손하고 자신있게 일반 실생활을 토대로 예를 들어서 말을 하면 청중들은 서서히 연사에게 마음의 문을 열 것이다.

사람들의 시선을 확! 끌어 당길 수 있는 수사적 질문 방식

이 수사적 질문방식인 "질문형을 던져라"는 한마디로 청중에게 낚시 바늘을 던져 물고 끌려올 수 있게 만드는 튼튼한 미끼라고 생각하시면 된다.

"홍길동 님, 본인의 인생에 가장 보람찬 성공은 무엇이라고 생각하십니까?" 첫 도입단계는 무난하게 들어가는 것이다.

이렇게 질문을 몇 번 던지면 청중들은 그 답을 듣기 위해서라도 당신의 말에 귀를 귀울일 것이다.

청중 시선을 사로잡는 두 번째 기술은 칭찬을 던지는 것이다.

우선 의례적인 칭찬방법은 피하는 것이 좋다.

예를 들어, "여러분, 바쁘신 시간에도 불구하고 이렇게 많은 관심을

VOICE

보여주셔서 매우 기쁘게 생각합니다."

틀렸다는 것이 아니다. 다만 더욱 준비된 칭찬방법을 만들어야 한다는 것이다. 예를 들어 여성분들이 많은 자리에서 말씀을 하실 때는 여성분들은 '미'쪽에 관심이 많기 때문에, 외모에 대한 칭찬을 먼저하고 본론으로 들어가시면 좋다.

예를 들어, "역시! 여성분들만 있는 방은 냄새부터가 틀린 것 같습니다. 오늘 강의가 잘 될 것 같은데요!(생긋생긋)"

그리고 상대에게 부당한 공격을 받더라도 상대방을 자극하거나 감정을 건드리지 않고 계속 정중하게 대할 수 있는 방법을 알고 있다면, 대화를 원하는 방향으로 쉽게 이끌 수 있다.

설령 반박했을 때도 해서는 안 되는 말이 있다.

: (해서는 안 될 말)

　　당신은 이 문제를 잘못 파악하고 계십니다.(비난조의 어법)

: (해야 할 말)

　　그것은 전적으로 옳습니다. 그러나~

: (해서는 안될말)

　　당신은 이것을 이렇게 이해해야 합니다! (명령,강요의 어법)

: (해야 할 말)

　　당신을 입장을 이해합니다. 그러나 이 문제에서는~

다음은 오프닝 스피치에 필요한, 예화, 인용 문장들이다. 필히 외우고 이해하여 오프닝 스피치에서부터 청중의 마음을 사로잡는 명연설가들이 되기를 바란다.

연습의 열심

20세기 최고의 과학자로 불리는 아인슈타인도 하나님을 믿는 자였습니다. 처음에는 대학에도 떨어지는 아주 평범한 사람이었습니다. 그러나 그의 꾸준한 연구의 노력은, 마침내 그 누구도 밝혀 낼 수 없는 상대성 이론을 밝혀내게 되었습니다.

아인슈타인이 상대성 이론을 밝혀내자, 많은 대학에서 아인슈타인을 초청해서 강연을 듣게 되었습니다. 한 대학에서 아인슈타인에게 강의를 해 달라는 초청을 받았습니다.

그 당시에 아직 아인슈타인의 얼굴이 세상에 많이 알려지지 않은 상태였는데, 강의를 많이 하다 보니, 오늘은 목이 다 시어 버렸습니다. 도저히 강의를 할 수 없을 정도였습니다.

그때 그를 그림자처럼 따라다니던, 운전수가 아인슈타인 박사에게 이렇게 말을 합니다.

"박사님, 제가 박사님의 강의를 똑같은 것 수백 번 들어서, 이제는 토씨 하나 안 틀리고 똑같이 말할 수 있습니다. 그리고 사람들이 박사님의 얼굴을 아직은 잘 모르잖아요. 박사님, 목이 시셨지요. 여기 앉아 계셔요. 제가 아인슈타인 박사 할게요."

그래서 아인슈타인도 엉뚱해서, 참 재미있을 것 같아, 그래 한번 시켜 보기로 했습니다.

이제 운전수가 강단에 올라가서 강의를 합니다.

그런데 방청객에 앉아 있던, 아인슈타인 박사도 입이 짝 벌어졌습니다. 왜요?, 얼마나 똑같이 하는지, 토씨 하나 안 틀리고 하는 것입니다.

운전수는 아인슈타인 박사처럼 얼마나 자신 있게 하는지, 아인슈타인 생각하기를 "야, 저놈 머리 정말 좋다. 야, 정말 똑같이 하는구나," 하고 감탄했습니다.

이제 강의가 다 끝났습니다. 그런데 문제가 생겼습니다. 강의를 다 끝내고 막 돌아서려고 하는데, 방청석에 있던 대학 교수가 손을 들더니, 아인슈타인 박사에게 상대성 이론에 대하여 질문을 하는 것입니다. 얼마든지 강의는 외워서 할 수 있지만, 질문엔 답할 수 있겠습니까?

아인슈타인 박사도 갑자기 당황했습니다.

그런데 운전수가 하는 말이 더 가관이었습니다.

"여보세요, 당신 대학교수 맞소. 그것을 질문이라고 하십니까? 그런 질문은 내 차 운전수도 압니다."

그러면서, 아인슈타인을 가리키면서, "운전수 이 질문에 대답 좀 해주게나." 하는 것이었습니다.

졸지에 아인슈타인이 운전수가 되어서 그 자리에 일어나서, 그 질문에 대해 설명을 다 해주었더니, 그 곳에 있던 모든 사람들이 다 일어나서 박수를 치며 기겁을 했다는 것입니다.

그리고 그 다음날 신문에, 아인슈타인 박사의 운전수는 대학교수보다 더 수준이 높은 사람이다. 라는 기사가 났다는 것입니다.

: 얼마나 열심히 외우고, 듣고, 노력했으면, 그 어려운 상대성 이론을 토씨 하나 틀리지 않고 말할 수 있었겠습니까? 그렇습니다. 성공의 밑천은 바로 연습의 결과입니다. :

기다림의 덕

어느 회사에서 신입사원을 뽑는 면접이 새벽 4시부터 시작한다는 공고를 냈습니다. 무척 이른 시간이었지만, 수많은 응시자들이 시간을 맞추어 회사의 시험장에 도착했습니다. 그러나 새벽 4시가 지나도 회사 문은 열리지 않은 채 굳게 잠겨 있었습니다.
 예정된 시간보다 무려 다섯 시간이나 늦은 9시에야 문이 열렸습니다. 이미 상당한 응시자들이 화가 나서 돌아가 버렸습니다.
 곧 면접이 시작되었습니다. 그런데 면접시험관들의 질문이 아주 가관이었습니다.
 "한국의 수도는 어디죠?",
 "사람의 손가락은 몇 개입니까?"
 이런 식의 다 아는 질문만 늘어놓고 면접을 끝내는 것이 아니겠는가! 며칠 후, 단지 몇 명에게만 합격 통지서가 배달되었는데 그 통지서에는 다음과 같은 글이 적혀 있었습니다.
 "저희 회사에 합격하신 것을 축하드립니다. 당신은 몇 가지 테스트에서 좋은 성적을 얻었습니다. 첫째, 당신은 시간을 잘 지켰습니다. 새벽 4시 정각에 도착하신 것을 보고 있었습니다. 둘째, 당신은 인내심이 있었습니다. 5시간을 잘 인내하며 기다리신 것을 확인했습니다. 셋째, 당신은 평범하고 어쩌면 짜증날지 모르는 질문에도 성실하게 그리고 온화하게 대답하여 성격적으로도 원만하다는 것을 확인할 수 있었습니다. 그러므로 당신은 저희 회사에서 요구하는 시간 지키기와 오래 견디기 그리고 원만한 성품이라는 세 가지 선발기준에 모두 합격점수를 얻었으므로 귀하를 채용하기로 하였습니다."

: 우리는 매 순간마다 그것을 기다리는 것입니다. 그리고 그 기다림 자체를 즐길 때, 어느 순간 무지개는 우리 눈앞에 펼쳐질 것입니다. 성공은 바로 인내하여 얻어지는 결과물입니다. :

리더십이란

리더십은 힘의 흐름을 알고, 힘을 모으고, 힘을 부릴 줄 아는 능력입니다. 프랑스의 루이 9세는 마거릿 공주와 결혼할 때 반지에 이런 말을 새겨 공주에게 주었다고 합니다.

"나 루이 9세는 하나님을 사랑하고, 프랑스를 사랑하며, 마거릿 공주를 사랑한다. 이 사랑의 순서를 떠나서는 아무것도 할 수 없다."

리더는 순서를 아는 사람입니다.

: 그렇습니다. 리더는 가치의 우선순위와 선택의 우선순위를 아는 사람입니다. 진정한 리더는 자신의 권위가 어디에서 오는지를 압니다. 그리고 우선순위를 세워 지키는 자입니다. :

<시> 감사합니다

지은이 | 서은영

감사합니다.

우리 집을 사랑이라는 울타리가 있는
가정으로 만드느라고
우리 거실을 좋은 방 이상으로
내 마음이 자유롭게 쉴 수 있는
마음 편한 곳으로 만드느라고 애써 주셔서 감사합니다.

그것을 당신의 임무라고는
절대로 생각하지 않겠습니다.
그것을 당신의 선물
당신이 주는 놀라운 선물로 여기겠습니다.

성실함

사전에서는 성실함을 "어떤 일을 하는 데에 쏟는 끈기 있고 고된 노력"이라고 정의하고 있습니다. 그런데 솔로몬이 말하는 성실함의 의미를 보면 정확히 알 수 있습니다. 그가 쓴 잠언서 20장 11절에 "될성부른 나무는 떡잎부터 알아본다고, 아이가 잘될지 잘못될지는 그 하는 짓을 보고 알 수 있다."(현대인성경)

즉 성실함이란 창조적 인내력, 능률, 시간, 솜씨 면에서 정확히 계산하고 실행하여 순수하고 뛰어난 결과를 이루어내는 영이란 노력을 말하고 있음을 알 수 있습니다.

그래서 솔로몬은 우리가 참된 성실함을 갖춘다면 돈으로도 살 수 없는 선물을 받게 될 것임을 말하고 있습니다.

성실하게 노동하는 사람에게는 성공과 재산이 쉬지 않고 자라게 된다는 말입니다. 그리고 성실한 사람은 완벽한 실천을 위해 시간을 충분히 들여 계획을 세우고 준비합니다.

조직을 이끄는 리더십

이순신 장군의 군대는 강했습니다. 23전 23승, 그것이 이순신을 웅변적으로 말해 주고 있습니다. 거기에 못난 병졸은 없었습니다. 일본의 전함과 전투를 할 때에는 거의 전사자가 없었습니다. 반면에 왜군의 목은 수천씩 베었습니다.

그들은 도무지 적군을 무서워하지 않았습니다. 그들 모두는 전투의 경험이 풍부하였습니다. 백성들은 우리 수군의 함선이 나타나면 든든해했습니다. 하지만 대장이 바뀌자 상황은 달라졌습니다.

원균이 사령관이 된 것입니다. 그런데 그는 패전했습니다. 원균으로 인해 무적의 조선 해군은 단 한 번의 전투에 궤멸되고 말았습니다. 그리고 태반이 전사하고 맙니다. 이순신 장군 밑에 있던 같은 병사들이 그냥 무력하기만 한 존재들로 나타납니다.

나라를 방어할 실력이 없는 것입니다. 여기에서 소속이라는 것이 대단히 중요함을 알 수 있습니다. 똑같은 군사들이 강하기도 하고 약하기도 하다는 것입니다. 왜 그럴까요? 누구의 부하냐는 것이 중요하다는 말입니다.

이것이 리더십의 힘입니다.

독창성이란

독창성이란 다른 사람이 전에 말한 적이 없는 것을 말하는 데 있는 것이 아니라, 당신 자신이 생각하는 것을 말하는 데 있는 것입니다.

— 제임스 스티븐

12 실제 스피치 연설 따라잡기
실제 소개 인사 축사 격려사 후보연설 스피치 훈련하기

1 회원의 자기소개 하기

1. 인사말

안녕하십니까? 원우회 여러분.

이제는 날씨가 제법 쌀쌀한 가운데 뵙게 되어 대단히 기쁘게 생각합니다. 아직 찾지 못한 별이 가장 아름답다지요?

마음속의 삶의 별을 찾으신다면 정병태 교수님의 파워스피치에서 그 별을 찾으시옵길 바라면서 사회자로부터 소개 받은 홍길동 다시 한 번 더 인사드립니다.

2. 칭찬 · 감사의 말

바쁘신 중에도 귀한 시간을 내셔서 한마디 글과 말이라도 더 배우기 위해 매주 참석하신 원우회 여러분과 함께 한 이 자리가 대단히 자랑스럽고 기쁘게 생각합니다. 지도자의 덕목 중에 으뜸은 참석을 잘하신다는 것입니다.

3. 제목: 김은행 님의 서른살 재테크

1. 저는 직장인을 위한 김은행 님의 서른살 재테크 글을 읽고 제 나

름대로 생각을 말씀드리려고 합니다. 돈은 은행에 쌓아두며 이자수입만으로 돈버는 시대는 끝났으며 예금과 적금으로 돈을 벌 수가 있는 것은 더 이상의 미덕이 아닙니다. 자산가치 하락의 정도가 대단히 심각하다는 의미입니다. 실질금리 마이너스 시대가 온 것입니다.

  2. 은행만 이용하는 40대 어느 여자 고객이 정기예금이 만기되어 투자처를 찾지 못한 고객은 은행직원이 권해주는 대로 투신사의 머니마켓펀드(MMF)에 가입하여 금리변동에 따라 손실을 볼 수 있다는 말을 듣게 되어 잠 못 이룬다고 하였습니다. 맞습니다!
  대다수 우리나라 사람들은 누구나 과반수 이상이 은행에 의존하고 안전하다고 생각하며 원금보장 안전을 택합니다. 그러나 사람들이 재테크를 잘 몰라서 못하는 것이 아니라 원금손실을 볼까봐 두려워서 못하고 있다고 봅니다.

  3. 안전하게 단기자금 운용으로 MMF에 가입하는 것과, 종금사에 CMA(종합자산관리계좌)에도 가입하는 것도 괜찮다고 생각하지만 재테크는 공격적인 투자를 해야 한다고 생각하며 많은 주부들은 새로운 상품이 나와도 알려고 하지 않고 무시해버리고 우리나라에 차이나 펀드가 도입되었을 때도 사람들이 펀드해서 수익을 내었다 하면 무슨 상품인지도 모르고 따라하는 습관이 있었습니다. 원금손실을 보고서야 그제서야 뉘우쳤습니다.

4. 고위험, 고수익, 저위험, 저수익 구도는 어느 금융상품 시장에서나 숙명과도 같이 따라다니는 공식이다. 하지만 투자 안목을 조금 넓혀보면 저위험 고수익 구도가 펼쳐져 있는 시장도 존재합니다. 오카다 최고 투자책임자는 자산 중에서도 CLO(대출담보부증권) 투자매력도를 높게 평가했습니다. 연내 수익률만 8%~12%달 전망이며 낙관했습니다. 또한 예금, 적금, 부동산에 대해서는 관심이 크고 지식이 풍부합니다. 하지만 우리나라 기관이나 국민연금, 교원공제회에서 투자하고 있는 수익률 높은 금융권에서 나온 부실채권(NPL)수익률 15%~20% 대해서는 어렵게 생각하는 경향이 있습니다. 저는 어렵더라도 이런 상품을 권해주고 싶습니다.

4. 당부 · 격려의 말

오늘 이 자리에 참석하신 모든 분의 가정과 사업장에 좋은 일만 항상 있으시고, 쌀쌀해지는 날씨에 건강 유의하시고 오늘도 주님이 주시는 기쁨과, 평안, 행복이, 가득하시길 바랍니다.

한 번 웃으면 한 번 젊어지고 한 번 노하면 한 번 늙어진다고 합니다. 남은 시간도 많이 웃으시는 하루 되시길 바랍니다.

끝으로 정병태 교수님,
원우회 회원님들을 만날 시간을 기다리면서……, 오늘도 살포시 미소 머금고 기다렸습니다…….

② 인사말과 지역사업소개

1) 인사말

안녕하십니까? 방금 사회자로부터 소개받은 영등포지역발전협의회장 홍길동입니다.

2) 칭찬, 감사, 치하의 말

이렇게 뜻 깊은 자리에 열정적인 회원분들을 모시고 우리 영등포 지역발전을 위한 자리에서 인사를 드리게 되어 영광스럽게 생각합니다.

영등포는 서울을 지탱하는 매우 모범적이고 상징적인 의미의 지역입니다. 저는 우리지역에서 활동하시는 여러분이 자랑스럽습니다.

3) 사업내용

영등포의 거리는 구도로와 신도로가 어울어져 반듯한 정비가 완료되었습니다. 우리 발전협의회의 무한한 관심과 노력 덕분입니다.

그간 노력을 기울였던, 재래시장과 대형마트 백화점의 어울어진 발전을 소비자와 판매자에게 큰 만족감을 주고 있습니다. 아울러 우리의 역점사업인 문화의 거리조성사업에 많은 관심을 부탁드립니다.

4) 당부 · 격려의 말

지금까지의 모든 노력이 회장인 저 혼자서 이루어낸 일이 아닙니다.

여러분의 수고와 땀의 결실입니다. 처음의 마음처럼 마무리를 철저히 할 수 있는 것은 여러 회원들의 힘이 필요합니다.

5) 끝인사
지금까지 간단한 인사말을 하였습니다.
끝까지 경청해주셔서 감사합니다.

③ 격려 인사말 하기

1) 의례적인 인사말
안녕하십니까? 방금 사회자로부터 소개받은 정병태입니다.
<인사>

2) 감사, 칭찬 등 나의 심정 말하기
이렇게 뜻 깊게 보람 있는 자리에서 훌륭하신 분들이 많은데도 불구하고, 인사말/격려사/축사를 하게 된 것을 매우 영광스럽게 생각합니다. 정말 이곳에 와보고 활기찬 사원들의 모습에서 무척 놀랐습니다.

3) 주인공에 대한 치하
오늘의 주인공이신 정병태 사장님께서는 (○○기업) 가난과 역경을 물리치시고 자수성가를 하신 분입니다. 이와 같은 과업은 아무나 하는 것이 아니라고 생각합니다. 그의 개척정신과 부지런함이 있었기에 가능한 것입니다.

4) 사업 내용

특히 사장님(기업)이 하시는 사업은 반도체 부품으로선 세계에서 가장 먼저 만들어낸 제품인 것입니다. 그 동안 이 제품이 나오기까지 많은 투자와 피땀 어린 노력은 두말할 것이 없습니다.

이 사업이 날로 번창하여 사회발전에 큰 기여를 할 것을 믿어 의심치 않습니다.

5) 당부의 말/ 격려의 말

아무쪼록 정병태 사장님을 사랑하는 모든 분들이 주위에서 많은 도움을 주시고 더욱 더 사업이 확장될 수 있도록 밀어 주십시오.

사장님이 하시는 사업이 더욱 번창하여 발전하시기를 기원합니다.

6) 끝인사

이 자리를 빛내기 위하여 바쁘신 데도 불구하고 참여해 주신 내빈 여러분께 사장님을 대신해서 감사드립니다.

④ 격려사 (지역사회협의회)

1) 인사말
안녕하십니까? 방금 사회자로부터 소개 받은, "한 말은 책임진다. 진실한 사람" 홍길동입니다.

2) 감사, 칭찬 등
이렇게 뜻 깊게 보람이 있는 자리에서 훌륭하신 분들이 많은데도 불구하고, 축사를 하게 된 것을 매우 영광스럽게 생각합니다.
이곳에 와보니 정말 활기찬 거리의 모습을 보고 무척 놀랐습니다.

3) 주인공에 대한 감사
이곳 영등포구지역협의회 정찬근 의장님께서 이룩하신 영등포구의 발전상을 볼 때, 의장님의 젊어서 겪은 가난과 역경을 물리치시고 자수성가하신 그의 삶의 경영철학을 볼 수 있어 대단한 과업이구나 하는 생각이 듭니다.

4) 사업 내용
첫째, 스위스의 '취리히'가 세계인들로 사랑받는 도시인데, 저 도시처럼 이 영등포구를 저 푸른 한강물을 끌어들여 과학적이고 예술적이며 친환경적으로 살기 좋은 도시를 디자인하여, 우리나라 여성들이 가장 살고 싶어 하는 편리하고 안전한 도시를 만들었다는 것입니다.

둘째, 사통팔달한 도로망과 재래시장과 대형백화점이 구의 중심에 위치하고 있어 생활의 편리와 최저가 상품을 판매하는 도매점이 있어 외국의 관광 인들이 제일 사고 싶은 장소로 1위를 선정되기도 한 도시입니다.

셋째, 노인문화센터, 노인건강센터 등이 구도심을 중심으로 이루어져 어느 동에서든지 도보로 30분 이내에 위치하여 복지의 핵심이며 건강도시가 바로 이 도시의 장점이라 생각합니다.

5) 당부의 말씀

이곳 지역협의회의장님과 협의회위원 여러분, 특히 영등포구 주민 여러분 이 아름다운 도시를 여러분들만이 사용하는 것이 아니라, 세계인이 와서 관광하고 배워갈 수 있도록 모든 자원을 아끼지 마시고 문을 활짝 열어 주시기를 당부 드립니다.

6) 끝인사

이 자리를 빛내기 위해 바쁘신 데도 불구 하시고 참여해 주신 내 외빈 여러분께 의장님을 대신하여 감사말씀 드립니다.

오늘의 주인공이신 정찬근 의장님과 그리고 지역협의회위원님, 지역 구민여러분께 박수를 보내 주십시오. 이것으로 간단하나마 축사를 대신하고자 합니다. 감사합니다.

⑤ 소개 인사말

안녕하십니까
사회자로부터 소개받은 구로구 구로동에서 온 홍길동입니다.

이렇게 뜻 깊은 자리에 열정적인 8기 원우님들을 모시고 파워스피치훈련 공부를 함께 할 수가 있어 영광스럽고 또한 이 자리에서 저 자신을 소개한다는 점이 자랑스럽습니다.

파워스피치 공부를 하게 된 원인은 행사나 모임에서 저 자신에 대해 소개는 물론 의사전달도 하지 못 하는 부족한 면을 고치고자, 어떠한 어려움을 극복해서라도 또박또박 말을 잘 할 수 있는 스피커로서의 자긍심을 갖고자 이 훈련에 참여하게 되었습니다.

앞으로 남은 10주 동안 정병태 교수님의 실전트레이닝을 통하여 8기 원우님들과 함께 저의 소망이 이루어질 수 있도록 존경하는 교수님 그리고 8기 원우님 많이 도와주시기 바랍니다.
여러분들의 도움이 꼭 필요합니다. 꼭 좀 도와주십시오.

끝으로 날씨가 추워지고 있습니다. 건강에 특히 유의하시고 감기 조심하십시오. 제 말을 끝까지 경청하여 주셔서 고맙습니다.

6 주제발표

주제 : 내가 서울 여시장 된다면?
발표자 : 홍길동

제가 우연히 아침 신문을 보다 '내가 서울 여시장이 된다면'이란 요즘 이슈가 되는 기사를 발견하게 되었습니다. 그래서 이것으로 5분 스피치를 해 봐야겠다고 마음먹었습니다.

지금으로부터 80년 전 일입니다.
1934년 6월 『삼천리』라는 잡지에 흥미로운 설문조사가 하나 실렸습니다. 제목은 '내가 서울 여시장 된다면?' 입니다. 이 질문에 당대의 유명 여성인사들이 답을 하는 그런 기사입니다. 황에스더(독립운동가), 우봉운(사회주의운동가), 장덕조(소설가), 이선희(기자), 나혜석(화가), 김자혜(기자), 김선초(가수) 등입니다.

몇 명 여성들은 자신이 서울의 시장이 된다는 가정(假定) 자체를 진지하게 받아들이지 않았습니다. 그래서 이선희는 자신이 시장이 되면 모든 서울시민에게 영양주사를 한 대씩 놓고, '댄스홀'을 백 여 곳 만들어서 남녀노소 모두 춤추게 만들고, 자신과 같은 여기자를 특별대우하지 않는 자를 처벌하겠다는 등의 다소 허황된 '공약' 남발했습니다.

시민들의 허영심을 근절하게 위해 화장품 세금을 100배 인상하겠다는 우봉운의 말도 실현 가능성은 별로 없어 보였고, 김자혜는 금주단연령(금주단연령)을 내린 뒤 전매국과 양조장 시설을 노숙자 수용소로 만들겠다는 나름의 구체적 방안을 말하면서도 "그러나 모두 농담이지요. 제가 서울 여시장이라니 천지개벽을 하게요?"라면 자신이 서울시장이 된다는 상상 자체를 부정을 하였으며, 가수인 김선초도 자신이 시장이 된다는 것은 음반 속에서나 가능한 얘기라고 말을 했습니다.

하지만 이 질문에 성실하게 답변한 측도 있었습니다. 황에스더의 경우에는 자신이 시장이 된다면 남녀의 동등권 부여, 유곽 철폐, 무직자 재활 시설 설치를 하고 싶다고 말했습니다. 장덕조는 공중위생과 주택문제를 해결하고 직업 부인을 위한 '시영 탁아소'를 창설하겠다고 선언을 했습니다. 나혜석은 전차의 노선 변경, 조선인 시가지의 전기 시설 완비, 여성단체의 조직을 자신의 목표로 제시했습니다.

이들은 서울의 기반시설을 확충하고, 퇴폐시설을 없애며, 여성들의 행복한 사회생활을 원조하는 것이 서울의 시장으로서 해야 할 가장 시급한 임무라고 생각했습니다.

근 80년 전 황에스더, 장덕조, 나혜석 등이 '상상' 해 본 서울은 이제 '현실'이 되었나요? 별로 그렇지 않은 듯합니다. 이번 서울시장 보궐선거에 출마한 후보들의 공약에서도 여전히 비슷한 내용들이 보이기 때문입니다.

이제는 80년 전 그녀들의 상상을 현실로 만들어 줄 '진짜' 시장이 선출 될 수 있어야 합니다. 그러기 위해서는 후보들의 이미지나 말이 아닌 행동과 진심을 보고 선택해야 겠습니다. 그리고 '꼭' 투표해야 겠지요. 감사합니다!!

⑦ 회장 후보 인사말

발표자: ○○○ 회장
단체명: ○○시 대의원

<정중히 인사>

▶제가 우연히 아침 신문을 보다가, "내가 서울시 시장이 된다면", 절대로 허황된 공약을 남발하지 않겠다는 다짐을 했습니다.
　우리 생활체육회에서 가장 시급한 한 가지, 깨끗하고 투명한 단체가 되도록, 그리고 공정한 생활체육회가 되도록 혼신의 힘을 다할 것을 약속드립니다.

　존경하는 그리고 사랑하는 여러분, 안녕하십니까?
　이렇게 뜻 깊은 자리에, 빛내주시기 위해 바쁘신 데도 불구하시고 참여해 주신 전회장님, 선배님, 그리고 대의원 여러분들에게 진심으로 감

VOICE

사를 드립니다.

특별히 평소 존경하는 대의원 여러분들 앞에서 인사말과 저의 소신을 발표할 수 있는 기회를 주신 것에 매우 영광스럽게 생각합니다.

▶안녕하십니까?
이번에 ○○○ 생활체육회 회장에 입후보한 고 부영입니다.
인사 올리겠습니다.(정중히 인사한다.)

저에게 가장 소중한 단체는 당연 ○○○ 생활체육회입니다.
그리고 40여 명의 대의원 동지들이 있기에 대단히 자랑스럽게 생각합니다.
사랑합니다. 열심히 하겠습니다.

이순신 장군은 왜군과의 전쟁에서 23전 23승을 하였습니다.
그 승리의 요인을 보니까, 바로 자신의 병사들을 진심으로 신뢰했다는 것입니다.
저는 대의원 여러분들을 믿습니다.

금년은 60만에 찾아온다는 임진년 흑룡의 해입니다.
희망과 용기를 가지고 크게 비상하는 한 해가 되기를 기원 드립니다.

저는 여러분들이 잘 알다시피, 20년 동안 생활체육의 한 사람으로서 열심히 참여하고 봉사하며 살아왔습니다.

특히 ○○○ 종목별 회장을 거쳐, 구 생활체육회장을 역임하였고, ○○○ 생활체육회 감사를 역임하였습니다. 현재는 ○○○ 테니스 연합회장과 ○○○ 생활체육회 부회장으로 재임하고 있습니다.

지금은 ○○○ 생활체육회를 무척이나 사랑합니다.

존경하는 그리고 사랑하는 대의원 여러분!!
이번에 제가 회장을 할 수 있는 기회가 주어진다면, 반드시 우리 생활체육회를 최고의 단체로 이끌 것이며, 무엇보다 다음의 사항을 실천하겠습니다.

먼저, 깨끗하고, 투명하고, 공정한 단체로 만들어 가겠습니다.

- 예산집행과 결과를 투명성 있게 운영하며 공시하겠습니다.
- 모든 임원, 부회장, 운영위원 위촉시, 생활체육인을 우선적으로 임명하겠습니다.
- 반드시 사무국장 처우개선을 하겠습니다.
- 그리고 상급단체와 간담회, 각종대회 참가 등 소통하는 단체로 선도 하겠습니다.
- 끝으로 감사 제도를 강화할 것이고, 회장 임기는 단임으로 하겠습니다.

VOICE

(청중을 보고)

존경하는 그리고 사랑하는 대의원 여러분!!

무엇보다도 우리 생활체육회의 자존감을 그리고 격을 한층 더 높이겠습니다.

무너졌던 생활체육회를 가장 깨끗하고, 투명하고, 공정하게 그리고 기초를 탄탄하게 세워 타 단체들의 표준이 되도록 하겠습니다.

더 나아가서 결과보다는 시작을, 과정을 중요하게 여기며, 초심을 잃지 않겠습니다.

대의원 여러분, 진심으로 사랑합니다.

▶오늘 이 자리에 참석하신 모든 분의 가정과 사업장에 좋은 일만 가득하기를 바라며, 춥고 쌀쌀한 날씨에 건강 유의하시고, 오늘도 행복하십시오.

끝까지 부족한 저의 인사말을 경청해 주시어 감사드립니다.

특히 먼저 수고해 주셨던 우리 단체의 선배님들에게 고마움을 전합니다.

오늘 주인공은, 진정한 회장은, 바로 대의원 여러분들이십니다.

우리 모두 박수로 격려합시다.

이것으로 간단하나마 인사말을 대신하고자 합니다.

감사합니다.

<정중히 인사>

⑧ 이사회 회의 진행

- 의안진행순서 : 질의/토론→동의→재청→선포
- 의사 진행시 시간이 없을 때 : 만장일치 유도
  질의토론 → 원인에 대하여 이의여부(만장일치) 확인 → 선포
- 동의안이 여러개일 경우 나중에 성립된 동의안부터 의결처리하며 재청이 없을 경우 동의안 성립이 되지 않음

식 순	진 행	내 용
	사회자	바쁘신 가운데도 불구하고 오늘 이사회에 참석해주신 이사회임원 여러분께 감사드립니다. 곧이어 서울영등포 ○○ 제(4)회 정기이사회를 시작하겠습니다. 모두 자리에 착석하여 주시기 바랍니다.
내빈 및 옵서버소개	사회자	이사회를 시작하기에 앞서 참석해주신 내빈 및 옵서버를 소개해 드리겠습니다. (옵서버명단) (예비/신입회원( )이 참석해 주셨습니다.
성원보고	사회자	개회선언에 앞서 먼저 사무국은 성원보고하여 주시기 바랍니다. (사무국장 성원보고 후-)
개회선언	의장	사무국으로부터 성원보고를 받았습니다. 성원에 이의있습니까? (이의 없으면…) 사무국의 보고대로 성원 되었으므로 서울영등포○○ 제(4)회 정기이사회 개회를 선언합니다. <u>(의사봉 3타)</u>
국민의례	사회자	다음은 국민의례가 있겠습니다. 모두 국기를 향하여 일어서 주시기 바랍니다. 국기에 대한 경례!······ 바로! 이어서 먼저 가신 순국선열 및 호국영령에 대한 묵념이 있겠습니다. 단상에 계신분은 돌아서 주시기 바랍니다.

VOICE

식 순	진 행	내 용
○○신조 제창	사회자	다음은 ○○ 신조제창이 있겠습니다. (○○ 신조!---신앙은---)
한국○○ 강령낭독	사회자	다음은 (오채환 내무부회장)으로부터 한국○○ 강령낭독이 있겠습니다. (한국○○강령---) 모두 자리에 앉아 주시기 바랍니다.
회장인사	사회자	다음은 본 회 (김병재) 의장으로부터 인사가 있겠습니다.
격려사	사회자	다음은 (김정식 직전회장)으로부터 격려사가 있겠습니다.
격려사	사회자	다음은 (김정식 직전회장)으로부터 격려사가 있겠습니다.
보고사항	사회자	다음은 회무보고 순서입니다.
	의장	2 페이지를 참조하시고 오타나 탈자가 없으면 다음으로 넘어가겠습니다.
	사회자	이어서 3월 월례회 평가보고 입니다.
	의장	(3)페이지부터 (7)페이지를 참조하시고 오타나 탈자가 없으면 승인, 동의 부탁드리겠습니다. (임원의 승인 동의안 제출시…) 제청 하십니까? / 이의 있습니까? (이의 없으면…) 전 회의록 및 수지결산의 건은 (3) 페이지부터 (7) 페이지 까지 원안, (또는 수정한대로) 대로 승인 통과 되었음을 선포합니다. <u>(의사봉 3타)</u>
	사회자	의장께서는 서명이사를 지명하여 주십시오.
의안심의	사회자	다음은 의안심의 채택 보고가 있겠습니다. 제 1호 의안) 4월 월례회 겸 8개톰 사랑나눔문화콘서트 준비보고의 건

식 순	진 행	내 용
의안심의	사회자	제 2호 의안) 신입회원 가입인준의 건 이상 (2)개의 심의안이 상정되었음을 보고드립니다.
	의장	사회자로부터 의안 채택 보고가 있었습니다. 사회자가 낭독한 (2)개의 의안 이외에 더 다루어야 할 의안이나, 수정, 삭제, 첨가할 사항이 있으시면 의견을 말씀해 주십시오. (의견이 없을시…)
	의장	의안은 1호부터 (2) 호까지 원안대로 채택되었음을 보고합니다. (의사봉 3타)
	사회자	의안 심의가 있겠습니다. 이하 의장께서 진행하시겠습니다.
	의장	제 1호 의안 : 4월 월례회 겸 8개롬 사랑나눔문화콘서트 준비보고의 건을 상정합니다. (의사봉 1타) 제안설명은 (오채환 내무부회장)으로부터 있겠습니다. (임원 동의안 제출시…) 제청 하십니까? / 이의 있습니까? (이의가 없으면) 제 1호 의안) 4월 월례회 겸 9개롬 사랑나눔문화콘서트 준비보고의 건은 원안대로 (또는 수정한대로) 통과되었음을 선포합니다. (의사봉 3타)
	의장	제 2호 의안 : 신입회원 가입 인준의 건을 상정합니다. (의사봉 1타) 신입회원 예정자 소개 (간단한 약력...등...) 신입회원 나와서 간단한 인사말

식 순	진 행	내 용
의안심의	의장	질의 응답 (신입회원 예정자가 여러명인 경우 한명씩 소개, 인사말, 질의응답한다.) 투표 / 개표 투표결과 ( ) 회원 신입회원으로 가입, 인준되었음을 선포합니다. <u>(의사봉 3타)</u> (신입회원 예정자가 여러명인 경우 한명씩 선포한다.)
공지사항	사회자	다음은 공지사항이 있겠습니다.
감사평	사회자	다음은 ( ) 감사로부터 감사평이 있겠습니다.
폐회선언	사회자	다음은 의장으로부터 폐회선언이 있겠습니다.
	의장	이것으로 제 (4)회 정기이사회를 모두 마치겠습니다. <u>(의사봉 3타)</u>

실제훈련 스피치 문장 훈련하기

① 높은 산으로 뛰어 올라갔습니다.

② 깊은 물 속에 몸을 던졌습니다.

③ 큰 사람과 작은 사람이 나란히 서 있습니다.

④ 육체는 땅에 묻혔어도 정신은 영원히 살 것입니다.

⑤ 할 수 있다고 생각하면 당신도 할 수 있습니다.

⑥ 넓은 들에 오곡백과가 무르익었구나.

⑦ 맨주먹으로 권총 든 강도를 때려 잡았습니다.

⑧ 이 살이 뛰고, 피가 끓는 민족의 울분을 어찌하겠습니까?

⑨ 가슴속으로 파고드는 봄바람에 다홍치마가 펄럭펄럭 날립니다.

⑩ 물이 너무 맑으면 사는 고기가 없고, 사람이 지나치게 비판적이면 사귀는 벗이 없습니다.

⑪ 호박꽃도 꽃이냐 하지만 무더위와 싸우고 긴 장마 속에서도 크고 탐스러운 호박이란 열매를 맺는 것은 열매 중에 제일 큰 열매가 아니냐?

⑫ 나를 위해서는 땀을 흘리고, 남을 위해서는 눈물을 흘리고, 나라를 위해서는 피를 흘려라!

⑬ 꿈틀거려라 생명들아!
행동하라 젊은이들아!
조국을 깨우쳐라 지식인들아!

⑭ 겁 많은 국민 중에서 영웅이 나온 적이 없고, 우둔한 국민 중에서 대

정치인이 나온 적이 없으며, 실리에만 눈이 어두운 국민 중에서 대예술가가 나온 적이 없습니다.

⑮ 철학은 심각하고, 법학은 딱딱하며, 경제학은 까다롭고, 문학은 부드러우나 정치학은 더욱 알쏭달쏭하기 때문에, 오늘 이 사람은 어떠한 학술직인 논리를 전개하고자 함이 아니요, 다만 내 조국을 사랑하는 애국심에 대해서 몇 말씀 올리고자 합니다.

⑯ 희망이 있는 자에게는 신념이 있고, 신념이 있는 자에게는 목표가 있고, 목표가 있는 자에게는 계획이 있고, 계획이 있는 자에게는 실천이 있고, 실천이 있는 자에게는 성과가 있고, 실천이 있는 자에게는 행복이 있다.

⑰ 변화하려고 하지 않는 자, 그는 죽은 자이다.
성공하려고 하지 않는 자, 그도 죽은 자이다.
삶과 죽음, 성공과 실패, 과연 어느 것을 선택할 것인가?

⑱ 오늘의 문제는 무엇이냐? 싸우는 것이다!
내일의 문제는 무엇이냐? 이기는 것이다.
모든 날의 문제는 무엇이냐? 베푸는 것이다.
싸운다! 이긴다! 베푼다!

⑲ 언젠가 내 시대가 온다!
언젠가 □□□의 시대가 온다!
우리 모두 정상에서 만납시다!

실전훈련1 　격려 인사말 훈련서 따라 해보기

<정중히 인사하기>

1.<의례적인 인사말>
　존경하는 그리고 사랑하는 홍길동 (지역발전협회) 회장님,
　그리고 이 자리를 축하하기 위해서 모이신 귀빈 여러분,
　그리고 회원 여러분! 만나서 반갑습니다.
　오늘 회원 여러분의 밝은 얼굴 표정을 보니, 아무리 경제가 어려워도 우리 (지역발전협회)의 장래가 탄탄하리라고 생각됩니다.

2<칭찬, 감사, 격려 등 나의 심정 말하기>
　먼저, 이렇게 뜻 깊게 보람 있는 자리에서 훌륭하신 분들이 많은데도 불구하고, (격려사)인사를 하게 된 것을 매우 영광스럽게 생각합니다.
　특별히 평소 존경하는 회원 여러분들 앞에서 인사말과 저의 소신을 발표할 수 있는 기회를 주신 것에 매우 영광스럽게 생각합니다.
　정말 이곳에 와보고 활기찬 회원님들의 모습에서 무척 놀랐습니다.
　~ (내용추가)

3.<주인공이나 단체에 대한 치하>
　존경하는 그리고 사랑하는 회원 여러분,
　금년은 60만에 찾아온다는 임진년 흑룡의 해입니다.

희망과 용기를 가지고 크게 비상하는 한 해가 되기를 기원 드립니다.

우리 단체는 50년의 정통과 역사를 갖고 있으며, 지난해는 우리의 (지역발전협회) 홍길동 회장님의 탁월한 리더십과 헌신으로 많은 사업을 이루어냈습니다.

그리고 우리 지역 내에 어느 지역에서도 하지 못했던 5개의 노인 쉼터를 마련한 것은 대단히 큰 성과라고 할 수 있습니다.

~ (특히, 내용추가)

4.<사업내용, 정책, 해야 할 일들 발표>

사랑하는 동지 여러분!

우리는 올해도 지난해와 같은 효율적인 경영과 열린 행정을 펼치겠습니다.

그리고 다음과 같은 일을 반드시 실천 하겠습니다.

첫째,

둘째,

셋째,

넷째,

어떤 일이 있어도 여러분들과의 약속은 철저히 지킬 것입니다.

다시 한 번 강조하는바, 우리는 단체는 여러분을 위하여 일할 것이고, 지역을 살기 좋은 그리고 깨끗한 지역으로 발전시키겠습니다. 그리고 최선을 다하겠습니다.

5.<당부의 말, 격려의 말>

여러분!
위와 같은 사업을 완전히 이루어 질 수 있도록, 한 번 더 힘을 모아 주시기를 당부 드립니다.
저는 여러분의 작은 목소리에도 귀 기울이겠습니다.
우리 지역의 발전과 협회의 눈부신 성장은 모두 여러분의 수고와 땀의 결실임을 잘 알고 있습니다.
저는 초심으로 돌아가, 처음의 마음처럼 최선을 다하는 회장(단체)이 되겠습니다.

6.<끝인사>

끝으로, 이 자리를 빛내주시기 위해 바쁘신 데도 불구 하시고 참여해 주신 내빈 여러분들에게 진심으로 감사의 말씀을 드립니다.
여러분의 가정과 사업장에 좋은 일만 가득하기를 바라며, 춥고 쌀쌀한 날씨에 건강 유의하시고, 오늘도 행복하십시오.
끝까지 부족한 저의 인사말을 경청해 주시어 감사드립니다.
특히 먼저 수고해 주셨던 우리 단체의 선배님들에게 고마움을 전합니다.

오늘 주인공은, 진정한 회장은, 바로 회원 여러분들이십니다.
우리 모두 박수로 격려합시다.
이것으로 간단하나마 인사말을 대신하고자 합니다.
감사합니다.

<정중히 인사>

실전훈련2   격려 인사말 훈련서 작성하기

내용 : 전체 내용은 희망과 비전을 주어야 한다.

준비 : 좋은 격려 인사말 스피치는 사전분석이 철저하게 이루어져야 합니다. 참석할 행사 등 상황에 대한 분석과 청중에 대한 분석을 해야 합니다. 내용은 도입부(3%), 서론(10%), 본론(82%), 결론(5%)의 구조화를 갖추고 있어야 합니다. 그리고 내용은 전체적으로 체계적이고 물 흐르듯 논리적이어야 합니다. 주요 아이디어나 세부내용이 시간적 요소나 공간적 요소를 담고 있어야 합니다.

- 사건 진행을 시간의 흐름에 따라 정리한다.
- 단계에 맞추어 순차적으로 배열한다.
- 지리적 관계를 가지고 있을 때는 지리적 분포에 따라 정한다.
- 문제의 원인, 문제의 결과를 순서대로 논의한다.

물론 상위인지 능력을 통해 필요한 내용이나 주요 아이디어를 자유자재로 삽입할 수 있습니다.

주의사항으로는, 지나친 인사말, 격려사, 내빈소개 등으로 사람들을 지루하게 만들어서는 안 됩니다. 너무 길면 지루함을 느끼게 됩니다.

<정중히 인사하기>

[가제] : 구로구 지역발전협회 정기모임
발표자 : 회장의 격려사
발표시간 : 3분

1.<의례적인 인사말>

2<칭찬, 감사, 격려 등 나의 심정 말하기>

3.<주인공이나 단체에 대한 치하>

4.<사업내용, 정책, 해야 할 일들 발표>

5.<당부의 말, 격려의 말>

6.<끝인사>

<정중히 인사하기>

실전훈련3 격려사 응용 활용문 사례

① 존경하는 동문여러분!
　가을의 정취가 물씬 풍기는 풍요로운 계절을 맞이하여 제10회 모교 **總同窓會** 체육대회가 개최됨을 진심으로 축하드리면서, 동문들이 한마음 한 뜻으로 만남의 장을 마련해 주신 홍길동 총동창회장님께 감사드립니다.

　돌이켜보면 유년 시절의 아름다운 추억이 깃들어있는 이 교정은 천진난만한 이상과 희망을 싹 티우고 길렀던 인생의 고향이었습니다.
　또한 동문 모두가 지역사회를 이끌고 가는데 조금도 부족함이 없도록 어린 가슴에 지혜를 심어주신 훌륭하신 선생님들의 황금같이 귀한 가르침이 있었던 인격 형성의 도장이었습니다.

　② 아무쪼록 동문 여러분의 앞날에 큰 행운과 발전이 함께 하시기를 바라면서 모교, 서울 초등학교의 무궁한 발전을 기원합니다. 감사합니다.

　③ 나 회장의 자존심을 걸고, 회원의 이익증진을 도모하고 지역사회 발전에 기여할 수 있는 회장이 될 것입니다.
　뿐만 아니라 가장 큰 현안의 문제 해결의 역할에 최선을 다할 것을 약속하겠습니다.

④ 우리 지역발전협회 여러분들의 화합과 미래에 대한 열정만 있다면 어떠한 어려움도 충분히 극복할 수 있을 것입니다.

저희 작은 힘이나마 보탤 것이고, 최선의 노력을 다해 그 결과가 한층 업그레이드 된 단체가 될 수 있도록 우리 모두 한 마음으로, 단결하여 파이팅! 하길 바랍니다.

⑤ 오늘 우리 지구의 위원들을 뵙고자 한 것은, 지역 내 범죄예방을 위해 헌신하며, 우리사회를 보다 따뜻하게 만들려고 노력하시는 위원님들의 마음에 힘을 북돋아드리고 싶어서입니다.

그동안 수고하셨습니다. 감사합니다.

정말로 한해 수고가 많았습니다.

⑥ 마지막으로 당부의 말씀을 드리고자 합니다.

"앞으로도 우리 지역이 가장 밝고 건강한 사회가 될 수 있도록 사명감과 자부심을 갖고 더욱 노력해 줄 것을 당부 드립니다.

⑦ 이 자리에 참석하여 주신 학부모님 그리고 학생 여러분 감사합니다. 우리 학생들이 마련한 한마당 축제 속에서, 이 시간 모두 마음 문을 열고, 마음을 비우고, 이 밤을 즐겨 봅시다.

⑧ 선수 여러분,

지금 훈련장에 와서 여러분이 땀을 흘리는 것은 보람된 일입니다.

연습하는 것을 고달프다, 고생스럽다 하는 마음은 버립시다.
여러분의 땀은 앞으로 값진 것이 될 것입니다.

⑨ 승리는 우리의 것이 될 것입니다.
모두 주먹을 쥐고 "00부 파이팅"한번 외쳐봅시다.
감사합니다. 여러분 사랑합니다.

⑩ 사랑하는 3학년 여러분!
이제 100일이면 3년동안 준비해돈, 자신의 실력을 평가하는 날이 다 가옵니다. 누구나 다 시험을 볼 때는 마음이 불안하고 가슴이 떨립니다. 그러나 다음 3가지에 유념하여 평상시처럼 차분하게 시험에 임하면, 한결 마음이 가벼워집니다.

실전훈련4 구청장 취임사

존경하는 ○○구민여러분! 그리고 내빈여러분!
58만 ○○구민의 부름을 받아 오늘 ○○구청장으로 취임하는 ○○○입니다.

먼저, 이렇게 영광스러운 자리에 임할 수 있도록 부족한 저를 선택해 주신 구민여러분께 깊은 감사의 인사를 드립니다.

아울러 오늘 이 자리를 빛내 주시기 위하여 참석하신 국회의원님, 지역위원장님, 시·구의원님께 감사드리며, 종교계 대표님, 유관기관장님, 각급 학교장님, 구·동 직능단체장님, 통·반장님, 주민대표 여러분께도 진심으로 감사드립니다.

지난 ○○년 민선○기 구청장으로 취임하여 IMF 국가부도 위기의 역경을 극복하기 위해 구민여러분과 함께 총력을 기울이던 것이 엊그제 같은데, 다시 민선○기 구청장으로 이 자리에 서서 여러분을 뵙게 되니 벅차오르는 감회와 함께 한편으로는 무거운 책임감을 느낍니다.

잘 아시는 바와 같이, 저는 ○○구민 여러분의 사랑과 성원에 힘입어 민선○기 구청장과 제○대 국회의원을 역임하며 ○○발전과 국가발전을 위해 일할 수 있는 기회를 가졌습니다.

구청장으로 재임하는 동안은 매사에 공정하고 합리적이며 깨끗하다는 평가를 받아 40여 차례의 기관표창과 함께 시민단체로부터 '새천년 밝은 정치인상'을 수상했으며, 국회의원 재직기간에는 지방자치 발전을 위해 행정자치위원회에서 상임위 활동을 하면서 3년 연속 '국정감사 우수의원'으로 선정되어 의정활동이 우수한 의원이라는 평가를 받기도 했습니다.

그동안 구청장과 국회의원을 역임하면서 쌓은 소중한 경험을 살려서 우리 ○○발전을 위해 전력을 다해 일하겠다는 것을 오늘 이 자리에서 다시 한 번 굳게 다짐합니다.

그리고 저 ○○○을 선택해 주신 58만 구민여러분의 여망에 부응할 수 있도록 항상 구민을 먼저 생각하며, 더욱 낮고 겸손한 자세로 소통의 문을 활짝 열어, 작은 소리 쓴 소리에도 귀 기울이는 자상한 구청장이 되겠다는 것을 이 자리에서 분명히 약속드리겠습니다.

존경하는 ○○구민여러분!
이제 대망의 민선○기를 맞아 "세계로! 미래로! 웅비하는 ○○!"를 목표로 변화와 희망의 새바람을 일으키는 5대 사업을 다음과 같이 추진하겠습니다.

첫째, 인재를 육성하는 교육도시를 만들겠습니다.
교육은 자라나는 꿈나무들이 마음 놓고 자유롭게 공부할 수 있는 환경을 만들어 주고 육성함으로써 미래를 준비하는 백년대계입니다. 이를 위해 무엇보다도 먼저 친환경 무상급식을 반드시 실시하겠습니다.
  무상급식은 자라나는 우리 아이들이 눈치 받지 않고 편하게 한 끼 밥을 먹을 수 있게 하는"인간 존중"의 문제입니다.
  교육에서의 기회 균등은 먹거리에도 적용되어야 하며, 자라나는 우리 아이들을 위한 친환경 무상급식은 더 이상 미룰 수 없는 우리의 과제입니다.

  아울러 공교육 확립을 위한 학교 지원예산을 증액하여 방과 후 교실을 활성화하고 화곡동 곳곳에 어린이와 청소년을 위한 작은 도서관을 확충하겠으며, 사교육비 절감을 위해 영어교육 전문기관인"○○어학당"설립을 적극 추진하겠습니다.

  둘째, 행복한 삶을 약속하는 복지도시를 만들겠습니다.
  복지는 지역사회 구성원 모두의 문제로, 이제 관 중심에서 탈피하여 민·관이 협력하는 새 모델이 필요한 시대입니다.
  선진국형 아름다운 기부문화를 도입, 정착시키고 구민들의 자원봉사와 장학사업을 비롯한 민간복지사업을 총괄 전담할"○○재단"을 설립하겠습니다.
  우리 ○○구는 생활이 어려운 저소득층이 밀집하여 막대한 사회복지비의 압박을 받고 있어 대안 마련이 시급합니다.
  특히 수급자의 수입 증가 시 수급비 차감 문제, 차상위 계층의 보호대책 등에 대해서는 서울시?중앙부처에 제도개선을 건의하여 저소득

층의 생활개선을 도모하고, 장애인 지원, 구립어린이집 확충, ○○지구 내 대학병원 유치, 다문화 가정 및 북한 이탈주민 지원 등 서민의 행복한 삶을 위한 복지정책도 다양하게 추진하겠습니다.

셋째, 내일을 준비하는 미래도시를 만들어 나가겠습니다.
○○의 미래가 걸린 ○○지구 개발은 ○○구를 수도서울의 중심도시로 우뚝 서게 할 수 있는 절호의 기회이며, ○○지구의 성공적 개발은 58만 ○○구민의 염원입니다.
우리구의 획기적인 발전을 위하여 ○○지구를 서울시와 발맞춰 조기에 개발해 나갈 수 있도록 최선의 노력을 다 할 것입니다.
그러나 워터프론트 사업은 고비용 저효율을 초래하고 호화 요트장은 현실적으로 위화감을 조장할 우려가 크므로, ○○구민 여러분과 전문가의 의견을 충분히 수렴하여 슬기롭게 처리해 나가겠습니다.

(내용 생략)

사랑하고 존경하는 ○○구민여러분!
민선○기 ○○구의 미래 비전과 공약을 간추려 말씀드렸습니다. 이 모든 일들을 혼자서는 할 수 없습니다. 우리 ○○를 사랑하고 걱정하시는 ○○의 주인이신 58만 구민여러분의 준엄한 채찍과 뜨거운 성원이 어우러질 때 우리의 꿈이 이루어진다고 확신합니다.

감동과 꿈의 월드컵에서 보듯이 우승의 금메달이 전부는 아닙니다. 꿈과 희망을 위해 내가 가진 모든 것을 던지는 불굴의 용기와 도전정신이 더욱 값지다고 생각합니다.

"세계로! 미래로! 웅비하는 ○○!"를 만들어 가는데 조금도 소홀함이 없도록 최선을 다하겠다는 것을 오늘 이 자리에서 굳은 각오로 약속드리겠습니다.

이제 ○○구민 여러분과 함께 밝은 미래를 열어 나가기를 소망하면서 구민 여러분의 변함없는 사랑과 성원을 당부 드립니다.

끝으로 58만 ○○구민 여러분과 자리를 빛내주신 내빈 여러분께 다시 한 번 감사드리며, 여러분의 가정에 건강과 행운이 늘 함께하시길 기원합니다.

감사합니다.

실전훈련5   출마 연설문

존경하는 00회원 여러분,

오늘 이 자리에 서서, 여러분을 대하니 만감이 교차합니다.

우리는 지난 몇 달 간 처절한 전쟁을 치르고, 상처투성이의 몸으로 오늘 이 자리에 마주하였습니다.

이런 것이 선거라 하기에는 너무나 치졸하고 처절하며, 이 세상에 나와 있는, 우리가 알고 있는 추잡함을 다 드러내놓고 말았습니다.

이제는 어느 누구도 더 할 말도 없고, 창피해서 얼굴을 들고 못 다닐 정도가 되었습니다. 그러나, 우리는 이 자리에 다시 모였습니다.

우리의 수장을 우리의 손으로 뽑아, 우리의 흐트러진 전열을 다시 가다듬고, 우리의 앞에 놓인 난제들을 해결하고자, 결연한 의지와 단호한 행동으로 법과 질서를 바로잡고, 잘못된 지난날들을 반성하고, 장래를 걱정하고, 미래를 설계하며, 그리고 오늘의 현실을 냉정히 직시해, 현명한 선택을 하고자 우리 모두 함께 하였습니다.

원래 우리는, 이렇지 않았습니다.

꾼 들이 끼어들어, 판을 흔들고, 우리를 교란하고, 즐기고 있습니다.

존경하는 00회원 여러분,

우리는 하나입니다. 우리 협회는 우리끼리 모여, 우리가 만들어, 우리가 이끌어 가는 것입니다.

우리 협회는 우리 모두에 의해, 우리 모두를 위한, 여러분의 협회입니다.

친목과 단결·단합으로 우리들의 소중한 가치와 이념을 계승·발전시켜 나아가 우리들의 업역 확대·업역 수호를 위한, 우리들의 권익 앞에 모두가 하나 되는 힘으로 강력 대처해 나가는 것입니다.

존경하는 OO회원 여러분,

여러분과 저는 이 조직을 사랑하고, 나의 하는 일에, 이 일에 평생을 바치고 살아왔습니다.

남들이 편안한 환경 속에서 좋은 옷 입고, 편안히 잠잘 때, 우리는 진흙탕, 뻘밭 속에서 삽과 곡괭이·톱·망치 들고, 휴일 밤낮없이 일했습니다.

때로는, 몇 개월씩 집도 못가고, 그리고 열사의 OO·OOOO에서 몇 년씩 가족 품을 떠나, 오로지 내 집과 내 식구, 이 나라 경제를 위해 이 한 몸 바쳐, 묵묵히 살아왔습니다.

그러나 오늘 우리 현실은 어떻습니까!

서로 헐뜯고, 편 가르고, 하다못해 발가벗겨 만신창이 만들고, 그래도 모자라, 죽은 사람 무덤까지 파헤쳐 난도질하고,

이게 인간으로서 할 일이며…

이것이 우리의 참 모습은 아닙니다.

(내용 생략)

실전훈련6   정기총회 회장 인사말

반갑습니다. OOO 회원 여러분!
달력을 보면 겨울입니다.
국민학교 다니던 시절, 지금쯤이면 겨울 방학을 기다리고 크리스마스를 기다리는 시기인 것 같습니다.
예전에는 꽤나 춥기도 했지요
오늘은 날씨가 제법 추워서 겨울을 느끼게 합니다.
올 겨울은 경제적으로 매우 어려운 겨울,
마음이 더 움추려 드는 힘든 겨울을 예고하고 있습니다.

1년 전에 우리 5대 집행부가 출범을 하였습니다.
저로서는 OOO회 회장이라는 막중한 자리를 맡고 무얼 어찌해야할 것인지 많은 고민을 하기도 했습니다.
OO에 사는 친구들 외에는 면식이 알지 못하는 회원이 더 많았던 것도 사실이었고,
그렇다고 나를 좀 알아 달라고 드러내기도 그렇고….. 그랬었습니다.
이제는 회원들 얼굴을 조금이나마 익히게 된 것 같습니다.

아직도 부족하기는 하지만 그래도 마음으로는 친구들의 모두를 알게 된 것 같은 뿌듯함이 있습니다.

집행부 임원과 지부 간부님들과의 회의활동과 문수산 산행을 통해서, 000초등학교 운동장에서 열린 000 체육대회를 통해서, 각 초등학교 동문체육 대회를 찾아다니면서 회원들의 얼굴을 익혔던 것 같습니다. 또한 인터넷카페의 '000 아지트'를 통해서 마음을 통하기도 했습니다. 그리고 오늘 또다시 화사한 친구들의 얼굴을 마주하게 됩니다.

여러분들도 제가 생소하지는 않을 것입니다.

(내용생략)

이제 우리들도 내년이면 50대에 접어듭니다.

아마 여러분도 사석에서 내년이면 50대라는 말을 많이 하고 많이 들을 겁니다. 세월이 많이 흐른거죠.

'Romance Gray'라고 했습니다. 나이가 들면서 더욱 멋지고 아름다워 질 수 있습니다.

이제 우리는 저물어 가는 40대를 멀리 하고 밝아오는 희망찬 50대를 기꺼이 맞이해 봅시다.

이제 제 말을 마치려 합니다.

여러분의 건강과 가정의 평안을 기원합니다.

다시 한번 참석해 주신 친구들에게 감사의 말씀을 올립니다.

감사합니다…

실전훈련7 　행사 축사

존경하는 OOO부 홍길동 차관님,
이번 행사를 준비해 오신 OOO 사장님과 해외건설협회 OOO 회장님,
그리고 자리에 함께하신 내외 귀빈 여러분,

오늘『글로벌 프로젝트 2013』행사 개최를 진심으로 축하드립니다.
또한, 우리에게 유망한 프로젝트를 소개하고 상담해 주시기 위하여 멀리 중남미, 아프리카, 유럽, 중앙아시아, 동남아시아 등 16개국에서 방한하신 발주처 관계자 여러분,
대한민국 정부를 대표하여 진심으로 환영합니다.

이번에 OOO와 해외건설협회가 심혈을 기울여 마련한『글로벌 프로젝트 사업』행사가 우리 기업과 해외 발주처간의 유망 프로젝트를 적극 발굴함으로써 상호 건설협력을 증진시킬 수 있는 계기가 되기를 바랍니다.

또한 이에 머물지 않고, 앞으로 해외 무대에서 서로의 장점을 결합해 윈-윈하는 사업 파트너로서 프로젝트 수주를 위한 협력관계가 한 단계 더 깊이 발전할 수 있는 기회의 장이 되기를 진심으로 기대합니다.

우리나라 해외건설의 진흥과 육성을 책임지고 있는 우리 국토해양부에서도 오늘 논의된 프로젝트에 대해서는 깊은 관심을 가지고 적극

참여할 뿐만 아니라 프로젝트가 성사될 수 있도록 최선을 다하겠습니다.

　대한민국은 올해로 해외건설시장에 진출한 지 43주년을 맞고 있습니다. 지금까지 전 세계 115개국에서 6,200여건 2,745억 달러를 수주하는 쾌거를 이루었으며,
　이 과정에서 우리 기업들은 중동, 아시아를 비롯한 세계 각국의 인프라 구축과 플랜트건설에 참여해 왔습니다.
　특히 최근에는 우리 기업의 해외진출 활성화로 금년 6월 현재 220억 달러를 수주하였고, 연말까지 해외건설 사상 최대 금액인 450억 달러의 수주를 달성할 전망입니다.

　이처럼 해외건설시장에서 우수한 경험과 기술을 인정받고 있는 우리 기업들이 발주처 여러분의 국가 건설 프로젝트에도 동참할 수 있도록 많은 협조와 기회를 주실 것을 당부 드립니다.
　오늘 이 자리가 국가 간의 우호 증진과 건설협력관계를 더욱 긴밀하게 다지는 뜻 깊은 장이 되기를 기원합니다.
　다시 한 번, 오늘 행사를 위해 방한해주신 발주처 여러분과 행사를 준비하신 OOO, 해외건설협회 등 관계자 여러분께 심심한 감사의 말씀을 드립니다.
　감사합니다.

실전훈련8 국제라이온스협회 축사

　꽃잎이 날아와 앉은 00강과 00테마파크가 어우러져 한 폭의 수채화처럼 아름다운 사랑의 도시 00에서 국제라이온스협회 00지구 제00차 연차대회가 개최됨을 진심으로 축하드립니다.

　바쁘신 가운데도 오늘 뜻 깊고 소중한 이 자리를 빛내 주시기 위해 참석해 주신 000 국제이사님을 비롯한 00개 지구 동료 총재님과 이 자리를 준비하시느라 노고가 많으신 000 총재님 및 관계자 여러분께 감사의 말씀을 드립니다.

　아울러 제00차 연차대회에 참석하기 위해 전국각지에서 천리 길을 멀다하지 않고 천년의 역사가 살아 숨쉬는 전통문화의 고장 사랑의 도시 00시를 찾아주신 라이온스 가족 여러분을 뜨겁게 환영합니다.

　그동안 국제라이온스는 "우리는 봉사한다"라는 모토와 "자유, 지성, 우리 국가의 안전"이라는 슬로건 아래 지역사회 발전과 어려운 이웃을 위해 헌신 봉사해 오는 등 많은 업적을 남기셨으며, 지역사회에 모범을 보여 줌으로써 존경과 사랑을 받아오셨습니다.

　존경하는 라이온스 가족 여러분!.
　오늘 어렵게 00에 오셨으니 이 곳 저 곳 두루 관광도 하시고 아름다운 추억거리를 많이 만들어 가시기 바랍니다.

아울러 다가오는 0월 0일 전야제를 시작으로 0일까지 제00회 00제 및 2013 엑스포가 이곳에서 개최되오니, 00을 방문한 인연으로 축제기간에도 시간을 내어 많이 오시기를 부탁드립니다.

끝으로 오늘 이 대회가 라이온스 가족 여러분의 친목은 물론 지역사회와 국가의 발전을 위한 길이 무엇인지 새롭게 조명해 볼 수 있는 뜻깊은 자리가 되기를 바라며,

여러분의 가정에 항상 건강과 행운이 함께 하시길 기원합니다.
감사합니다.

실전훈련9 신입생 환영사

편입생 여러분! 안녕하십니까?

행정학과 총동문회장 000 입니다.
행정학과 O/T행사에 공사다망하신 가운데 참석하여주신 교수님과 내,외빈 여러분께 감사드리며, 신/ 편입생 여러분들을 진심으로 축하드리며 환영하는 바입니다.

지난 2013년에는 올해의 신/편입생을 맞이하기 위하여 총 동문회에서 여러 가지 많은 준비와 행사로 분주하였습니다.
이 성과로는 우리모교가 졸업동문 40만명과 개교 35주년이라는 큰 의미가 있었던 해로서 총 동문회와 학교측의 배려로 교수 및 교직원, 재학생, 동문과 일반시민이 함께 참여하는 행사로 6월3일 "I LOVE" 마라톤축제와 9월 15일 "000인의 밤"을 개최하였습니다. 이러한 행사를 개최하면서 우리 동문회의 동문들은 가슴이 뜨거워지는 감동을 받았습니다.

(내용 생략)

신/편입생 여러분!

끝으로 여러분은 우리 모교의 주춧돌이자 나침판입니다.
여러분의 개인적 경쟁력 확보가 모교의 경쟁력 이며, 동문회 발전의 밑거름이 됩니다.
오늘 O/T에 참석하신 마음으로 늘 변함없이 처음처럼 MIND SET 하시기 바라며 향후 2~4년 뒤에 수준 높은 우리 행적학과 동문으로 참여하시기를 기대하며 "높이 나는 새는 멀리 볼 수 있지만 낮게 나는 새는 벌레를 잡는다"는 패러디를 남기며 2013년 00년 새해에 복 많이 받으시기를 기원 하겠습니다.

실전훈련10 | CEO인사말

안녕하십니까?

기술은 하루가 멀다하고 급속하게 발전하고 그와 함께 많은 업체들이 명멸하고 있습니다. 기술은 제도, 문화, 습관 등 총체적인 사회변화를 주도하고 있습니다.

이제, 우리가 새로운 기술을 적용해서 활용한다는 것은 굴뚝산업으로 대표되던 이전 시대처럼 단순히 편리와 기호의 문제가 아닙니다.

생존, 그 자체가 달린, 당위적인 요인으로 우리 앞에 다가와 있습니다. Time 사이클이 비교할 수 없을 정도로 짧아진 지금의 무한 경쟁사회는 우리에게 한없는 시간을 주지는 않습니다.

새로운 많은 기술을 하나 하나 스스로 만든다는 것은 어리석은 행위일 뿐만 아니라 가능하지도 않습니다. 이러한 시대에는 선택과 활용이 새로운 사회 물결을 헤쳐나가는 데에 무엇보다도 중요한 요인입니다.

기술개발에만 매진해온 정직한 기업, ㈜000는 언제나 고객 옆에 있을 것입니다. ㈜000를 만나는 그 순간에, 새로운 기회가 찾아온 것이고 ㈜000가 땀을 훔치며 돌아 설 때 여러분은 어느새 편리하고 능률적인 웹 환경에서 경쟁우위 적 지위를 확보하게 될 것입니다.

항상 고객 여러분이 새로운 시대에 당당한 리더가 되도록 앞장서겠습니다.

감사합니다.

실전훈련11 성년식 축사

여러분 안녕하십니까?
 오늘은 올해로 스무살이 되는 여러분을 기념하고 축하하는 뜻 깊은 성년의 날입니다.

 성년이 되기까지 기르고, 가르치고 보호해 주신 부모님, 선생님 그리고 보호자 여러분께 감사를 드리고, 성년을 맞은 여러분들에게 진심으로 축하를 드립니다.

 성년의식은 나라마다 방법상의 차이는 있지만 어느 민족에게나 옛날부터 내려오는 관습입니다.

 우리나라에서는 옛날, 스무살이 되면 남자에게는 갓을 씌워주는 관례(冠禮)를, 여자에게는 머리를 땋아 올려주는 계례( )를 행하여 성년이 되는 의식을 행하였습니다.

 성년이 되기까지는 가정과 사회의 보호를 받아왔지만, 성년이 되면 모든 것을 본인 스스로 판단하고 결정해서 행동하며, 가정과 사회에 대하여 일정한 의무가 부여됩니다.

그러므로 성년 의식을 통하여 성년이 되기까지 지켜주신 부모님께 감사하고, 성년으로서의 새로운 결의와 다짐을 하게 되는 것입니다.

성년이 되신 여러분!
여러분은 지금 미래에 대하여 어떤 설계를 가지고 있습니까?

여러분의 그 설계가 든든한 기초위에 현실로 세워지기를 바라면서, 몇 가지 당부의 말씀을 드리고자 합니다.

먼저 여러분은 정의와 불의를 분별할 수 있는 지혜와 어떠한 유혹에도 현혹되지 않는 진정한 용기를 가진 시민이 되도록 노력하시기 바랍니다.
우리 사회에서는 때때로 바르지 못하고 불의한 자가 오히려 잘 되는 경우도 있습니다. 그러나 그것은 일시적이요, 오래가지 못합니다. 옳고 바른길이 반드시 승리한다는 것은 만고 불변의 진리입니다.

다음으로 끊임없는 자기 계발이 필요합니다. 얼마전 70이 넘으신 할아버지가 대학입시에 합격했다는 기사를 읽은 적이 있습니다.
다가오는 21세기는 무한경쟁시대이고, 전문 분야에 대한 능력과 창의력이 요구되는 시대입니다.
여러분이 가지고 있는 능력과 소질을 꾸준히 계발하고, 참신하고 유익한 아이디어로 당당하게 경쟁하셔야 합니다.

그러기 위해서는 잠시도 나태하거나 안일한 생각에 빠져 있어서는 안됩니다.

내가 쉬는 동안 다른 사람은 나보다 몇 걸음을 앞서 갑니다. 어렵고 힘이 들더라도 피하거나 돌아가지 말고 최선을 다해 극복해야 할 것입니다.

마지막으로 여러분에게 필요한 것은 건강입니다.

건강을 잃으면 아무것도 할 수 없습니다. 건강한 사람만이 건전하고 긍정적인 사고를 할 수 있고 긍정적인 사고는 여러분의 삶을 행복하고 풍요롭게 할 것입니다.

건강을 바탕으로 끊임없이 자기 능력을 계발하고, 정의의 편에 서서 성실하게 살아가는 자는 반드시 인생의 승리자가 될 것입니다

성년이 된 여러분!

이제, 보다 넓은 세상을 향하여 힘차게 나아가시기 바랍니다. 장래를 미리 걱정할 필요는 없습니다.

하루하루를 성실하게 살아간다면 미래는 여러분들의 시대가 될 것입니다.

성년이 되신 것을 거듭 축하드리며 여러분의 앞날에 큰 발전과 영광이 있기를 기원합니다.

실전훈련12 정기총회 진행

〈잠시 후 OOO 총동문회 정기총회를 시작하겠습니다. 회의 장 밖에 계신 동문 및 내빈 여러분께서는 입장하시여 좌석을 정돈하고 개회 준비에 도움을 주시기 바랍니다. 또한, 정숙한 회의 진행을 위하여, 휴대폰 사용은 가급적 진동이나 꺼주시기 바랍니다.〉

진행자:
지금부터 최고의 가치있는 만남, 2013년도 정기총회를 시작하겠습니다. 오늘 사회를 맡은 사무총장 홍길동입니다.
(밖으로 나가 정중히 인사)

1. 먼저 OOO회장님과 OOO직전 회장님께서 입장하겠습니다.
(입장).
뜨거운 박수로 환영해 주시기 바랍니다.

다음은 정기입장이 있겠습니다.
동문들은 모두 기립하여 박수로 정기를 맞이하여주시기 바랍니다.
(받아든 정기를 회장은 3번 정도 흔든다.)
모두 지정된 좌석에 앉아주시기 바랍니다.

2. 개회선언
다음은 정기총회 개회선언을 OOO 회장님께서 선포하겠습니다.

3. 국민의례
국민의례가 있겠습니다.
모두 일어나시어 단상에 있는 국기를 향해 주시기 바랍니다.
국기에 대한 경례. /바로/
애국가 제창은 주악에 맞춰 일절만 부르겠습니다.

다음은 세계 평화를 기원하고, 호국 영령의 명복을 비는 묵념을 올리겠습니다.
일동 묵념, /바로/
모두 자리에 앉아 주시기 바랍니다.

4. 내빈소개
이어서, 오늘 행사를 축하해 주시기 위해 이 자리에 참석하신 내빈소개를 OOO 부회장님께서 소개해 주시겠습니다.

5. 회장 인사말
다음은 "가치 있는 만남"이란 슬로건으로 본회의 발전은 물론 명품화를 위해 헌신적인 봉사와 사랑으로 동문들에게 비전을 제시할 제0대 OOO회장님께서 인사 말씀이 있겠습니다.

6. 격려사

다음은 OOO님께서 좋은 격려의 말씀이 있겠습니다.

7. 축사

이어서, OOO님께서 축사가 있겠습니다.

8. 성원보고

다음은 성원보고 순서로 총( )명중 ( )참석으로 성원되었음을 의장님께 보고드립니다.

9. 의안채택

다음은 의안채택 순으로 오늘 총회에 상정된 안건을 낭독해드리겠습니다.
　제1호 의안 회칙개정의 건
　제2호 의안 사업 및 결산 승인의 건

이 안은 보고사항으로 이의가 없으면 원안대로 통과되었음을 선포합니다.

10. 감사보고

다음은 감사보고순서로 OOO감사께서 해 주시겠습니다.

11. 공지사항

다음은 공지사항을 알려드리겠습니다.

12. 폐회선언

이상으로 정기총회 폐회선언을 의장이신 OOO 회장님께서 하시겠습니다.

VOICE

SPEECH

VOICE

서울커뮤니케이션 교육대학원 학생 모집

① 파워스피치학
② 성공리더십 지도자학
③ 명강사 명강의 명교수학
④ 프로 창업/사장학
⑤ 설교스피치학

➡ 논문지도
박사학위과정

(헨더슨크리스천대학교)

- 문의) 011.347.3390 | 02.861.2103
- 팩스) 02-862-2102
- 사이트) www.speech1.com | www.com.ac.kr
- 주소) 서울시 구로구 구로동 1126-14번지 301호